*Dolores Cannon*

# Un alma recuerda
# Hiroshima

OZARK
MOUNTAIN
PUBLISHING

Previously published by and Permissions given to print by:
Ediciones Luciérnaga

Ozark Mountain Publishing, Inc., Attn.: Permission Department, P.O. Box 754, Huntsville, AR 72740-0754.

**Library of Congress Cataloging-in-Publication Data**
Cannon, Dolores, 1931-2014
*Un alma recuerda Hiroshima (A Soul Remembers Hiroshima) por* Dolores Cannon
Un caso de reencarnación, donde una joven estadounidense revive la vida y la muerte de un hombre japonés a través de la hipnosis regresiva.

1. Hipnosis   2. Reencarnación   3. Terapia de vidas pasadas
4. Bomba Atómica   5. Segunda Guerra Mundial   6. Hiroshima
7. Japona
I. Cannon, Dolores, 1931-2014   II. Bomba Atómica   III. Segunda Guerra Mundial   IV. Título

Library of Congress Catalog Card Number: 2020941740
ISBN 978-1-950608-00-3

Ilustración de la cubierta: Victoria Cooper Art
Book set in Adobe Times New Roman Script
Book Design: Nancy Vernon
Traducción: Victoria Morera

Published by:

OZARK
MOUNTAIN
PUBLISHING

P.O. Box 754
Huntsville, AR 72740-0754
Impreso en United States of America

Ahora soy La Muerte,
el destructor de mundos.

*Bhagavad Gita**

* Citado por J. Robert Oppenheimer al recordar la primera explosión atómica cerca de Alamogordo, Nuevo México, el 16 de julio de 1945.

# Índice

# Prefacio

Durante la Segunda Guerra Mundial, yo era pequeña, de modo que recuerdo aquel suceso desde la perspectiva de una niña. Recuerdo que la reacción de los norteamericanos al traicionero ataque de Pearl Harbor fue considerar que los japoneses eran unos monstruos sin alma. Recuerdo, también, los festejos del día de la victoria que siguieron a los bombardeos de Hiroshima y Nagasaki.

Nogorigatu Suragami era un anciano que estaba en Hiroshima aquel fatídico día de 1945. en que el *Enola Gay* dejó caer su carga atómica sobre la ciudad japonesa. Nos hemos «conocido» hace poco, más de 40 años después de su muerte.

Nogorigatu es una de las numerosas personalidades que descubrí durante la regresión hipnótica de una joven que conocí en una fiesta. Como investigadora de vidas pasadas, he guiado cientos de sesiones hipnóticas, las suficientes para convencerme de la veracidad de la reencarnación y de la multiplicidad de vidas que la mayoría de las personas hemos experimentado. Sin embargo, nunca antes me había enfrentado a un reto como el que supuso para mí el espíritu de Nogorigatu.

Como investigadora, mi objetivo primordial es permanecer siempre objetiva y contar los hechos conforme ocurren sin mostrar mis emociones. La narración de Nogorigatu, incluso antes de alcanzar su trágico final, puso a prueba ese objetivo además de hacer tambalear varias de mis creencias más antiguas.

Las palabras de Nogorigatu, pronunciadas por una mujer joven y menuda, revelaron a un hombre amable, atento, inteligente, ingenioso y entrañable. Llegué a considerarle mi amigo y, según pude apreciar, él sintió lo mismo por mí. Escucharle mientras relataba su propia muerte entre gritos de horror y confusión no resultó fácil y me afectó profundamente.

Numerosos supervivientes del bombardeo de Hiroshima han expresado sus testimonios de dolor, muerte y destrucción. Éste es el testimonio de alguien que *no* sobre-vivió.

DOLORES CANNON

# 1 - El inicio de la aventura

«Nos conocemos de antes, ¿verdad?», dije a la bonita mu- chacha que me acababan de presentar. «¿Dónde nos hemos visto?»

Mientras nos mirábamos a los ojos, ella tuvo la misma impresión. Fue un reconocimiento al instante, un «saber» inmediato. Pero a medida que íbamos hablando, nos dimos cuenta de que era imposible que nos conociéramos de antes ya que ella acababa de trasladarse a aquella zona des- de Texas.

Era el año 1983. Yo asistía a la fiesta de unos amigos interesados en metafísica y fenómenos psíquicos, y Kathryn Harris había ido con una amiga suya. Tras devanarme los sesos, prevaleció el sentido común y tuve que admitir que era la primera vez que coincidíamos. Aun así, mientras la veía moverse por la habitación contagiando a los demás con su atractiva personalidad, no pude librarme de la sensación de que la conocía. ¡Me resultaba tan familiar!

Nunca sabré si aquella impresión se debió a recuerdos de alguna vida pasada en la que nos conocimos o a una premonición de nuestra futura colaboración. Sólo sé que nuestro encuentro en aquella fiesta debía estar predeterminado, ya que fue el inicio de una increíble aventura conjunta.

Ninguna de nosotras tenía modo alguno de saber lo que iba a ocurrir durante el año siguiente. Ahora sé que estábamos destinadas a trabajar juntas y que nuestro encuentro en la fiesta fue el primer paso en el camino a lo desconocido; un camino en el que no había vuelta atrás.

Empecé a investigar vidas pasadas con la hipnosis regresiva el año 1979. Desde entonces, había trabajado con cientos de personas entusiastas y bien dispuestas, pero nunca imaginé que encontraría a alguien como Kathryn. Ella, por su extraordinaria capacidad para proporcionar detalles, resultó ser el ideal de cualquier investigador.

Cuando en la fiesta se mencionó el trabajo que yo estaba realizando, mucha gente mostró curiosidad y pidió hora para explorar sus vidas pasadas. Kathryn fue una de esas personas y, cuando fijamos la fecha de la cita, yo no tenía ni idea de que iba a ser distinta a todas las personas con las que había trabajado hasta entonces.

Kathryn, o Katie, como la llaman sus amigos, sólo tenía veintidós años en aquella época. Para su edad, era bajita y algo rolliza, con el pelo corto y rubio y unos ojos azules y chispeantes que parecían llegar a lo más hondo. Irradiaba carisma por todos los poros de la piel, parecía muy feliz y vivaracha y mostraba gran interés por la gente. Más tarde, a través de nuestra colaboración, descubrí que esto era, a menudo, una fachada para esconder su timidez e inseguridad. Ella era Cáncer, y las personas nacidas bajo este signo astrológico no suelen ser tan sociables.

No obstante, había en Katie una sinceridad, una sabiduría innata que contrastaban con su edad. Cualquier signo de inmadurez, como los que mostraba a veces, desentonaba con su persona. Yo tenía que acordarme de que sólo tenía veintidós años, la misma edad que mi hijo, aunque los dos fueran tan distintos. Parecía un alma muy vieja en un cuerpo engañosamente joven. Me preguntaba si los demás también tenían esa impresión.

Katie nació en Los Angeles el año 1960. El trabajo de sus padres exigía muchos viajes y frecuentes traslados. Ellos eran miembros de una de las iglesias pentecostales, de modo que la educación religiosa de Katie no inducía a creer en la reencarnación ni en la hipnosis. Me contó que siempre se había sentido fuera de lugar en su familia, y que sus padres no podían entender que no quisiera seguir sus pasos.

Si pidió permanecer en el anonimato con respecto a este libro fue, sobre todo, en consideración a los sentimientos de sus padres. Creía que nunca entenderían el concepto de múltiples vidas, aunque a ella le resultaba sencillo comprenderlo. Tampoco quería correr el riesgo de que su vida privada se viera alterada. Yo he respetado sus deseos y mantengo en secreto su identidad.

Los continuos traslados de su familia por varios estados de Norteamérica les llevaron a Texas cuando Katie tenía dieciséis años. Se había mudado dos veces durante su segundo año de instituto y ahora, de nuevo, al inicio del tercer año. Estaba cansada de las constantes adaptaciones a colegios nuevos, a distintos métodos de enseñanza y a amigo pasajeros. Por ello, a pesar de las quejas de sus padres, abandonó los estudios al comenzar el tercer curso de bachillerato, dando por concluida su educación formal. Esto constituyó un punto a favor en nuestro trabajo: Katie es una chica muy inteligente, pero sus conocimientos no proceden de los libros.

2

Tras dejar la escuela y con aparente libertad, Katie descubrió que no era fácil encontrar trabajo sin el certificado de graduado escolar o una formación especializada. Después de un año de realizar trabajos decepcionantes de baja categoría, decidió, con diecisiete años, obtener el título de graduado escolar. Más tarde, se alistó en el Ejército del Aire donde pasó dos años especializándose en informática. Un aspecto importante para nuestro trabajo es que, mientras estuvo en el Ejército, en ningún momento abandonó Estados Unidos.

Cuando dejó el Ejército, Katie y su familia se traslada- ron, por última vez, a la ciudad del medio oeste donde la conocí. Gracias a sus conocimientos de informática, Katie se ha adaptado bien y disfruta de una vida social normal. Pasa su tiempo libre leyendo novelas románticas y de fantasía, y no le atrae en absoluto buscar información histórica o geográfica en una biblioteca.

Cuando Kathryn Harris y yo nos conocimos, no teníamos ni idea de la aventura en que nos estábamos embarcando. Iba a durar todo un año y abarcaría épocas y experiencias más allá de lo imaginable. En la fiesta, ella era sólo una entre los mucho que mostraron curiosidad por la regresión hipnótica a vidas pasadas. Para mí, las regresiones habían adoptado un patrón predecible y parecía que, cuantas más realizaba, más predecible era el resultado. No tenía razón alguna, mientras fijábamos la fecha de nuestra primera cita, para esperar un resultado distinto de aquella chica vital y entusiasta.

En general, durante la primera sesión hipnótica, la gente sólo alcanza estados de trance leve. Es aquí donde empiezan los patrones predecibles. La mayoría relata hechos de la vida diaria, aburridos y monótonos; acontecimientos cotidianos parecidos a los que todos experimentamos.

Por alguna razón, muchos regresan a una vida en el viejo oeste, a la época de los primeros exploradores y la colonización. Aunque parece existir una atracción general hacia ese período de tiempo, todos los sujetos bajo hipnosis cuentan algo diferente a lo que han conocido a través de películas y programas de televisión, y muchos de ellos así lo reconocen. Cuando estas peculiaridades tienen aspectos coincidentes en las versiones de distintos pacientes, yo verifico los relatos de unos y otros en cuanto a la descripción de la zona y la época. Si la verificación es correcta, me confirma la autenticidad de la reencarnación y, en mi opinión, proporciona una imagen más real de nuestra historia.

3

Yo tengo mi propia teoría sobre por qué las primeras sesiones siguen patrones concretos. Creo que cuando el paciente relata una vida sin acontecimientos relevantes, es porque su subconsciente nos está poniendo a prueba a él o a mí. De hecho, el paciente no me conoce, y su subconsciente se siente poco dispuesto a revelar secretos íntimos e importantes a un extraño.

Se trata de una experiencia nueva para el sujeto y, aunque con mi método consigo que el subconsciente revele información, éste sigue siendo el guardián de esa información. Ya que su función primordial es proteger al paciente, el subconsciente elige, de su archivo, algo fácil, una vida sencilla para ver cómo reacciona el sujeto. Es como si dijera: «No sabemos con exactitud qué es lo que se propone, de modo que le concederemos acceso a esta vida sencilla y veremos lo que pasa.» Después, cuando el subconsciente ha visto que no se le ha ocasionado daño alguno y comprende el procedimiento, proporciona más información.

Como hay mucha gente que incluso desconoce su existencia, el subconsciente no está acostumbrado a este tipo de contacto. Una vez obtenido el acceso, con la repetición del proceso y la construcción gradual de la relación que se establece entre el sujeto y el guía, se consigue una mayor comunicación. En mi opinión, esta relación es sumamente importante. Si el subconsciente sospechara algún peligro o amenaza para el sujeto, el flujo de información quedaría inmediatamente interrumpido.

Una idea falsa pero extendida sobre la hipnosis es que el sujeto pierde todo control. En realidad, durante la hipnosis regresiva, el sujeto tiene *más* control, no *menos*. Aunque parezca dormido y, a menudo, no recuerde la sesión al despertar, el sujeto es consciente de cosas que suceden en la habitación y que no percibiría mediante los sentidos de la vista o el oído. He podido comprobar esto muchas veces durante las regresiones y creo que forma parte del sistema de control del subconsciente.

4

# 2 - Una vida en el Territorio de Colorado

Antes de iniciar una inducción, me gusta pasar una media hora con el sujeto. Durante ese tiempo intento conocerlo mejor, respondo a sus preguntas y procuro que se sienta más cómodo conmigo. Después de dedicar ese tiempo introductorio a Katie, empecé la inducción.

Ella entró con rapidez y facilidad en un estado de trance profundo. Debido a la posibilidad de predicción que he mencionado antes, no me sorprendió que Katie empezara describiendo «una casa blanca y solitaria asentada en lo alto de un territorio poblado de colinas y valles». Era el mismo paraje que habían descrito muchos otros pacientes. Cuan- do entró en la casa, vio a su madre cociendo pan en el horno de la gran cocina.

K: Al fondo de la cocina hay un ropero. Cuando entramos en casa tenemos que quitarnos los zapatos. También veo una estufa de leña. En este momento, mamá está sacando algo del horno.

Entonces me di cuenta de que algo distinguía a Katie de los demás sujetos: ella podía *oler* el pan en el horno. Esto no es usual e indica que todos sus sentidos estaban activados. Además, hablaba en primera persona, utilizando el pronombre «yo». Por lo visto no iba a permanecer pasiva, in que iba a participar de forma activa en la regresión. Fue entonces cuando se me ocurrió que quizá no iba a tratarse de un caso común y corriente.

Como resulta difícil obtener fechas exactas, normalmente intento determinar la época en que nos encontramos pidiendo la descripción de la ropa, mobiliario y entorno. Le pregunté sobre su madre.

K: Tiene el pelo oscuro. Supongo que algunas personas piensan que está un poco rellenita, pero yo creo que, simplemente, ella es así. Es guapa y tiene los ojos azules. Lleva el pelo recogido y un vestido de flores azules largo hasta el suelo.

Le pedí que se describiera a sí misma. Me dijo que se llamaba Sharon y que tenía doce años.

K: Llevo puesto el vestido amarillo y tengo los pies llenos de barro. [Soltó una risita infantil.] Mi mamá se enfadará mucho porque no debo salir con mi mejor vestido.

D: *¿Sois más, de familia?*

K: Mi hermano Philip y mi papá. Han ido al pueblo a comprar provisiones. Papá tuvo que salir antes del amanecer. En carreta se tarda un día en llegar. Bueno, medio día.

D: *¿Sabes el nombre del pueblo?*

K: Clear Creek. Es divertido estar ahí, pero mi mamá dice que no es sitio para niñas. Es muy salvaje.

D: *¿Estarán de vuelta para la cena?*

K: Puede que sí o puede que no, pero mamá les guardará la cena.

D: *¿Te gusta vivir en el campo?*

K: Me encanta, sólo tengo que ir a la escuela dos días a la semana. Como dice mi madre, paso el día divirtiéndome como un auténtico rufián.

Más tarde, cuando Katie oyó la grabación de la sesión, se rió, pues rufián no es una palabra que ella utilizaría normalmente.

D: *[Me reí.] ¿En qué curso estás?*

K: En segundo de primaria.

Aquello me sorprendió. ¿Con doce años y todavía iba a segundo de primaria? Por lo visto había empezado a ir a la escuela más tarde de lo que se suele hacer hoy en día. Y si además sólo iba dos días a la semana, probablemente sólo podría aprender lo más básico. A través de mis investigaciones, he descubierto que, con frecuencia, las niñas ni siquiera recibían educación alguna.

D: *¿Ya sabes leer y escribir?*

La voz de Katie empezó a cambiar. Tenía, ahora, un tono de ingenuidad, cierto acento campesino y arrastraba las palabras cada vez más.

K:    Algo. Pero no creo que sea muy importante. No hay que pensar mucho para ser ama de casa y ayudar en la granja.

D:    *¿Eso quieres ser de mayor?*

K:    No hay *mucho* donde escoger.

La guié hasta la hora de la cena y le pregunté si los demás habían vuelto del pueblo.

K:    Sí. Es tarde y fuera está oscuro, pero guardamos la cena y papá y Philip están aquí. Están cansados; ha sido un día muy largo para ellos. Ojalá hubiera podido ir. Es diferente. Distinto a estar siempre aquí en el campo.

D:    *¿Cada cuánto tiempo van al pueblo?*

K:    A veces, hacen dos visitas al mes, pero casi siempre sólo una.

Le pregunté qué tenían para cenar. Después de muchas regresiones, he descubierto que puedo averiguar en qué época se encuentra el sujeto por lo que come. También obtengo mucha información por el tipo de utensilios que utiliza. Se trata de patrones predecibles repetitivos. Muchas de las preguntas que hago las utilizo para establecer la época; aunque también pueden considerarse una prueba, ya que el sujeto no sabe qué detalles busco ni los patrones que otros pacientes me han proporcionado.

K:    Hay pollo guisado y un poco de ese pan casero; mazorca de maíz de nuestra cosecha y sobras de tarta de manzana.

D:    *¿Cómo son los platos?*

K:    Azules y blancos con dibujos. Son el tesoro de mi mamá.

D:    *[Yo sabía que no era habitual usar platos de porcelana.] ¿Los usa todas las noches?*

K:    No, sólo los días especiales. El resto de tiempo están en la alacena. Sólo para mirarlos o algo así. [Más tarde, Katie me dijo que no sabía lo que era una alacena.] Algunas veces usamos los cuencos de madera, pero casi siempre comemos con los de barro.

Deduje que eran algo más que campesinos; más bien colonos. Sin embargo, los primeros colonizadores no tenían objetos tan bonitos en sus hogares ni disfrutaban de tan buenas condiciones de vida. Todo parecía encajar con el período de finales del 1800. De modo que ahora sabía, aproximadamente, desde qué época me hablaba Sharon.

D: *¿Cuántos años tiene tu hermano Philip?*
K: Dieciséis. Por eso él puede ir al pueblo y yo tengo que quedarme aquí.
D: *Claro, se está haciendo un hombre.*
K: No es más que un hermano tonto y cabezota. No me gusta.

Las cosas no han cambiado mucho desde entonces. Ésta es, aún hoy en día, una opinión muy extendida entre las hermanas pequeñas. Aunque, hay que destacar que, en su vida actual, Katie sólo tiene una hermana.

D: *[Me reí.] ¿Y qué hay de tu padre? ¿Te parece muy mayor?*
K: Pues, bueno..., no sé... Es mayor.

Dirigí a Katie hasta un momento en el que Sharon estuviera en la escuela. Aunque no le gustaba demasiado, pensé que tendríamos la oportunidad de averiguar cómo era un colegio de aquella época. Le pedí una descripción.

K: [Hablaba arrastrando mucho las letras.] Está hecho de piedra. Dijeron que no querían que la escuela se desplomara sobre los niños, de modo que todos echa- ron una mano y la construyeron.

Ésta podía ser otra razón para que sólo estuviera en segundo curso. Quizá no hacía mucho que había una escuela en aquella zona.

D: *¿Es una escuela grande?*

K: No, sólo unos doce niños. Unos aprendemos más despacio y otros más deprisa, pero no me importa.
D: *Entonces, ¿no aprendéis todos lo mismo?*
K: No, sólo nos sentamos juntos en la misma habitación.

Había descrito una escuela típica de una sola aula. Le pregunté por la maestra.

8

K: Es rubia, con ojos marrones y una especie de expresión malvada en la cara. No es muy amable. No me gusta.

D: *¿Por qué? ¿Es muy estricta?*

K: ¡Sí! Si no llegamos a la hora, nos grita, porque tiene que quedarse hasta tarde. Le gusta llevar una regla y, si no escuchamos, nos pega en los nudillos. Y duele. Tampoco nos deja hablar, y eso no me gusta. Es más divertido salir, y correr, y jugar.

D: *De acuerdo, Sharon, avancemos en tu vida hasta un día importante.*

Esto siempre da lugar a resultados diversos que, sin embargo, siguen patrones similares. Lo que nosotros consideramos un día importante nunca coincide con lo que el sujeto considera importante. En aquella época, sus vidas eran tan rutinarias que cualquier acontecimiento fuera de lo normal se consideraba importante, así que podía salir cualquier cosa. El hecho de que los sujetos no inventen historias apasionantes constituye para mí otra prueba de que la reencarnación existe.

Dirigí a Katie hasta un momento importante en la vida de Sharon.

K: Está lloviendo. Ha venido toda esa gente. [Su voz sonaba distinta, suave y triste.] ¡Hemos enterrado a papá!

D: *¡Oh! ¿Qué le ha ocurrido?*

K: [Estaba a punto de llorar.] Se ha muerto ... de repente. El doctor ha dicho que se le paró el corazón.

D: *¿Dónde estás?*

K: [Sorbiendo.] Estoy ... en el cementerio.

D: *¿Cuántos años tienes, ahora?*

K: Trece.

D: *¿Están tu madre y Philip contigo?*

K: Sí. [Parecía muy desgraciada.]

Aquello estaba afectando a Katie, que mostraba auténtica emoción. Esto es otro indicio del nivel de estado hipnótico. Cuando los sujetos se emocionan con los sucesos significa que están participando, que forman parte de la experiencia, e indica que se encuentran en un estado altera- do profundo.

Decidí trasladarla a la edad de catorce años para alejarla de la infelicidad que le causaba la muerte de su padre. Esta vez encontré a Sharon arando los campos o, como decía ella,

9

«trabajando el arado». Dijo que estaba ayudando a su madre en el trabajo de la granja pero que aquello no le gustaba. Sembraban maíz y un macho tiraba del arado. Le pregunté qué era un macho.

K:    [Respondió despacio, como si tuviera que pensarlo.] Un...mulo.

Me llamó la atención que estuvieran realizando el trabajo ellas solas pues no había mencionado a su hermano Philip.

D:    *¿Quién más vive en la casa?*
K:    Sólo yo y mi mamá.
D:    *¿Y tenéis que cuidar de la granja vosotras solas?*
K:    Normalmente, sí. El trabajo es duro pero nos las arreglamos.
D:    *¿Qué ha pasado con los hombres de la familia?*
K:    Mi hermano se marchó. Tampoco hacía mucho. Y mi papá murió.
D:    *¿Por qué se marchó tu hermano?*
K:    ¿Quién sabe? [Suspiró profundamente.] Supongo que no le gustaba estar aquí. No me lo dijo. Quizá se lo contó a mamá, pero ella no habla de ello. Creo que está dolida.
D:    *¿Se fue hace mucho tiempo?*
K:    No, unos seis meses más o menos.
D:    *Entonces, tu madre y tú debéis tener mucho trabajo. ¿Qué vais a hacer? ¿Tenéis algún plan?*
K:    Todavía no. Quedarnos aquí, cuidar de la granja y ... salir adelante, supongo.
D:    *¿Aún vas a la escuela?*
K:    No. Hay mucho que hacer en casa.
D:    *¿Aprendiste mucho en la escuela?*
K:    Mmm ... Aprendí a escribir mi nombre, a sumar un poco, a leer algo. No mucho.

Saqué una libreta y un bolígrafo preguntándome si Sharon podría escribir su nombre. Mi marido y yo probamos este método durante nuestras primeras experiencias con la reencarnación y obtuvimos unos resultados sorprendentes. En el libro *Five Lives Remembered* hablo sobre aquellas experiencias.

D:    *¿Dices que te enseñaron a escribir tu nombre? ¿Me lo escribirías? Me encantaría verlo.*

Katie abrió los ojos y se levantó. Se apoyó en el codo izquierdo, cogió el bolígrafo con la mano derecha y escribió: «Sharon Jackson>. Hay que tener en cuenta que aun- que Katie es zurda, esta personalidad no dudó en coger el bolígrafo con la mano derecha. Además, la letra de Katie es muy pequeña y regular, mientras que la de Sharon era de gran tamaño, irregular, insegura y desgarbada. Como si no tuviera mucha práctica en escribir. Un grafólogo me aseguró que no tenía parecido alguno con la letra actual de Katie. Felicité a Sharon por su trabajo.

K:   No está mal.

D:   *¿Te resultó difícil aprenderlo?*

K:   Aburrido.

D:   *Bueno, al menos nadie podrá decir que no sabes escribir, ¿no?*

K:   Por lo menos sé escribir mi nombre.

D:   *¿Sabes leer?*

K:   Si es letra impresa, no lo hago mal. Normalmente consigo leer cualquier cosa. Sólo que, a veces, no entiendo todas las palabras.

D:   *¿Tienes algún libro para practicar?*

K:   Sólo la Biblia. A veces, yo y mi mamá la leemos por la noche.

D:   *Es una manera de aprender a leer, pero tiene palabras difíciles, ¿no?*

K:   Sí, algunas son muy raras.

D:   *No creo que nadie sepa lo que significan muchas de esas palabras.*

K:   Algunos dicen que las entienden. Así parecen más importantes.

D:   *Pero tú sabes leer un poco y escribes tu nombre. Eso es más de lo que muchos saben hacer, ¿no?*

K:   Sí, supongo que sí.

D:   *Y sabes sumar. Me dijiste que sabías algo de números, ¿no?*

K:   Sí. Sé tanto que no me engañen cuando voy a comprar. En esto soy buena.

D:   *Eso es muy importante. ¿Sales con chicos?*

K:   [Tímidamente.] Sí, más o menos.

D:   *¿Alguien en particular?*

K:   No, todavía no.

D:   *Bien, y, ¿qué cosas se pueden hacer por aquí?*

K:    Hay baile los sábados por la noche. A veces la gente se reúne... llevan comida y bebida y ayudan a un nuevo vecino a

11

construir su granero. La gente utiliza todo tipo de excusas para reunirse y estar con los vecinos que hace tiempo no han visto.

D: *¿Ésa es vuestra vida social?*

K: Sí. Eso y la iglesia. Celebrarnos muchas veladas en la iglesia.

D: *¿Todo el mundo va a esas veladas?*

K: No todos. Algunas gentes no van nunca a la iglesia...

D: *Bueno, al menos tienes algún acontecimiento que esperar.*

Cuando la dirigí hasta otro día importante en su vida, cambió rápidamente de humor y se puso muy contenta.

K: Estoy en mi boda.

D: *¿Cuántos años tienes?*

K: Dieciséis.

D: *¿Qué estás haciendo?*

K: Cortando el pastel.

D: *¿Dónde estás?*

K: En el patio de la iglesia. ¡Hay una comida buenísima! Todo el pueblo ha venido.

D: *¿Tu madre hizo el pastel?*

K: Sí. Mamá es una buena cocinera.

D: *¿Has aprendido a cocinar como ella?*

K: Dice que ya no se me quema tanto como antes.

D: *¿Con quién te casas?*

K: Se llama Tom, Tom Jacobs. ¡Es muy guapo! Tiene el pelo negro y ojos verdes.

D: *¿Cuántos años tiene?*

K: Veintiséis.

D: *¡Vaya, es mayor que tú!*

K: Porque..., como dice mamá, se ha distinguido.

D: *¿Y eso qué quiere decir?*

K: Pasó toda su juventud aprendiendo un oficio y haciendo cosas. Y ahora está preparado para establecerse. Es herrero y gana mucho dinero.

D: *¿Cómo es tu vestido?*

K: Azul. [En cierta manera, me sorprendió que no fuera blanco.] ¡Es de seda! Tiene el cuello vuelto blanco y mangas muy hinchadas. Incluso tiene una pequeña cola que mi mamá le cosió en la parte de atrás.

D: ¿Tu mamá hizo el vestido?
K: ¡Nooo! Sólo hizo la cola. Compró un vestido de verdad, de tienda. Algo especial.

Quizás era ésa la razón de que no fuera blanco. Comprar el vestido en la tienda ya era, de por sí, algo especial. También es posible que fuera difícil encontrar vestidos blancos. Seguro que no debían resultar muy prácticos.

D: ¿Llevas algo en la cabeza?
K: El velo de mi mamá.
D: ¿Tu mamá está contenta?
K: Sí. Dice que no me faltará de nada.
D: ¿Dónde irás a vivir con Tom?
K: A su casa. Detrás de la herrería. Tiene un sitio preparado muy bonito. Cabemos los dos y... quizás uno más. Seguramente no nos quedaremos ahí mucho tiempo. No si decidimos tener una familia.
D: ¿Habéis pensado tener hijos?
K: [Con timidez.] Sí. Me gustan los niños.
D: Bien. Y ¿dónde está la herrería?, ¿en el centro del pueblo?
K: Hacia las afueras. Pero todavía es la zona buena. Hay mucho trabajo y lo hace muy bien.
D: ¿Hay otras tiendas cerca de la vuestra?
K: Sí, hay una ferretería y más abajo hay una tienda de coloniales. [Katie nunca había oído la palabra coloniales.] Y pegada a la nuestra, está la oficina de telégrafos.
D: Entonces, no tendrás que ir muy lejos para conseguir las cosas que necesites. ¿Hay algún periódico en la ciudad?
K: El Gazette.
D: ¿No lo llaman de alguna otra manera?
K: Todo el mundo lo llama así.
D: Dijiste que el nombre del pueblo era Clear Creek. ¿En qué estado estáis?
K: Oh, todavía no somos un estado, sólo un territorio. Llamado ... Territorio de ..., mmm ..., Colorado.
D: ¿Crees que algún día será un estado?
K: Tienen enormes discusiones sobre ello. Y o no veo que importe si somos un estado o sólo un territorio. Para mí no importa; de todos modos tienes que trabajar. Pero los hombres discuten. Algunas veces se ponen como locos. Incluso salen a la calle y pelean, de verdad, con los puños

13

por ello.

D: *¡Vaya! Y, ¿por qué algunos no quieren ser un estado?*

K: Algunos se preguntan por qué habríamos de pagar impuestos a alguien que está en el otro extremo del país.
Otros dicen que ser un estado es una gran cosa. A mí no me gusta meterme en discusiones de este tipo.

D: *Bueno, ya sabes cómo son los hombres.*

K: Sí, todos son tercos y obstinados.

D: *Probablemente, todas esas discusiones se deban a otras causas. Bueno, hoy ha sido un día feliz, vayamos hacia el futuro a otro día importante en tu vida.*

He comprobado que ésta es una manera efectiva de hacer que el relato progrese sin dirigir ni influir en el sujeto. Este método les permite contar su propia historia a su manera, y yo me limito a seguirles y a guiarles. Si no les hiciera avanzar, se podrían pasar toda la sesión describiendo una sola escena.

K: Acabo de tener a Jamie. ¡Es tan dulce!

D: *¿Cómo? ¿Has tenido un bebé?*

K: Sí. El primero. ¡Es un niño! ¡Es tan tierno y tan pequeño!

D: *¿Dónde ha nacido?*

K: En casa.

D: *¿Hay alguien contigo?*

K: Mi mamá.

D: *¿Dónde está Tom?*

K: Tuvo que irse. Dijo que volvería a tiempo, pero todavía no ha vuelto.

D: *¿Adónde tuvo que ir?*

K: A Denver.

D: *¿Está muy lejos?*

K: Muy lejos. Unos 300 kilómetros. Dirigía una delegación a Denver.

D: *¿Por eso tuvo que irse?*

K: Sí. Ahora es una persona muy importante.

D: *¿Para qué es la delegación?*

K: Unas reuniones sobre si vamos o no... Alguna gente que quiere que seamos un estado y él ha decidido apoyarles. Están hablando sobre hacer lo que llaman una ... ¿Constitución?, o algo así. Y o no presto mucha atención, pero él cree que es importante.

D: *Es un honor que le hayan escogido para ir allí.*

14

K: Porque es muy listo.

D: *¿Fueron todos juntos?*

K: Sí. Necesitaron un par de carretas, pero la mayoría fueron a caballo.

D: *¿Cómo te sientes por el hecho de que él no esté aquí?*

K: Me siento triste. Ojalá estuviera aquí para ver a Jamie. Me dijo que le pusiéramos Jamie si era un niño.

D: *¿Cuántos años tienes ahora?*

K: Dieciocho.

D: *Avancemos un poco en el tiempo hasta que Tom haya vuelto. ¿Qué opina del bebé?*

K: Cree que es algo especial, que será muy inteligente.

D: *¿Cómo se sintió por no estar ahí?*

K: Estaba muy disgustado. Pero se le pasará y vendrán otros.

D: *¿Qué decidió la delegación?*

K: Discutieron mucho, pero al final acordaron que querían ser un estado y así lo van a hacer.

D: *Es complicado pero Tom lo entiende, ¿no es así?*

K: Porque es muy listo.

D: *Bueno, parece que gozas de una vida feliz. Ahora tienes dieciocho años. Avancemos hasta cuando tengas unos veinticinco y veamos cómo es tu vida entonces.*

Decidí dirigirla hasta una época concreta porque sólo avanzaba unos pocos años cada vez y a este ritmo nos llevaría mucho tiempo completar la historia de su vida. Hasta el momento, los días importantes habían sido los habituales. Lo único distinto había sido su relato sobre la delegación y las deliberaciones que precedieron a la declaración del territorio de Colorado como estado. Si alguien inventara una historia, no incluiría detalles como ésos. Su revelación aporta validez al relato.

D: *Contaré hasta tres. Uno, dos y tres. Ahora tienes veinticinco años. ¿Qué ocurre?*

K: Nada. ¡No estoy ahí!

Esta respuesta fue una sorpresa para mí, pero siempre que aparece significa que la personalidad murió en algún momento anterior a esa edad. También constituye una prueba más de que no estoy influyendo en el sujeto. Si Katie estuviera inventando una historia para complacerme, ¿por qué iba a detenerse al dirigirla hasta una edad concreta?

Cuando esto ocurre, siempre traslado al sujeto a la última escena que visualizamos a través de esa personalidad y a partir de ahí determinamos lo que sucedió.

D: *De acuerdo. Volvamos a cuando tenías dieciocho años y acababas de tener un bebé. Tom había vuelto de Denver. ¿Puedes encontrar de nuevo a esa chica?*
K: Sí.
D: *Muy bien. Avancemos con ella en el tiempo. ¿Tuvo más hijos?*
K: Uno. Una niña. La llamaron Jennie.
D: *¿Jennie? Muy bien, ¿cuántos años tenías cuando tuviste a Jennie?*
K: Diecinueve. [Frunció el ceño.]
D: *¿Qué ocurre?*
K: Algo muy malo. Nació de espaldas.

Le transmití sugerencias tranquilizadoras en el sentido de que no se vería afectada físicamente. Algunas veces, con sujetos en trance profundo, el cuerpo también recuerda el suceso y tiene reacciones físicas reales.

K: Algo va mal. Yo... no sé. Simplemente... no estoy ahí.
D: *¿Quieres decir que Lo estás observando desde fuera?*
K: Sí.

Esto quería decir que no estaba en el cuerpo y que, por lo tanto, no podía sentir nada. Podíamos explorar la escena sin que Katie sintiera malestar.

D: *¿Qué ves? ¿Le ocurrió algo malo al bebé?*
K: Empezó a ahogarse. El doctor dice que hay complicaciones.
D: *¿Tuviste un médico esta vez?*
K: Sí. Mamá está muy nerviosa. Está llorando. Ella quería que el parto fuera deprisa.
D: *¿Qué complicaciones hay? [No hubo respuesta.] ¿Qué le ocurrió a Sharon?*
K: [Muy afligida.] Murió.
D: *¿El doctor no pudo hacer nada?*

16

K:   No. Había perdido mucha sangre. Demasiada.

D:   *¿Tom estaba ahí, esta vez?*

K:   Sí, pero tampoco pudo hacer nada. Se puso tan triste ... Mamá está llorando.

D:   *¿Y qué hicieron con el cuerpo de Sharon?*

Siempre hago esta pregunta porque, a menudo, la gente quiere saber qué ocurrió con su cuerpo.

K:   La enterraron en la cima de la colina. [Su voz denotaba una gran pena.]

D:   *¿Qué vas a hacer, ahora?*

K:   Volver a casa.

D:   *¿Dónde está tu casa?*

K:   [Una larga pausa.] No lo sé.

La voz de Sharon, pronunciada por Katie, no se parecía a la voz de esta última. Al principio era infantil, después ingenua y con acento campesino, y durante todo el relato denotaba inocencia y arrastraba las palabras.

Después de tranquilizarla y de sugestionarla para que se sintiera bien, trasladé a Katie hasta el momento presente y la desperté. Me dijo que lo único que recordaba de la sesión era que estaba relacionada con Colorado.

Investigué la historia de Colorado y, aunque no pude encontrar indicio alguno de un pueblo llamado Clear Creek, encontré un riachuelo y un condado con ese nombre que desempeñaron un papel importante en los primeros años de la historia de Colorado. La fiebre del oro empezó en esa zona y fue la causa del desarrollo inicial de Colorado. Hacia 1861, surgieron, por toda la región, multitud de explotaciones mineras y se extrajo oro de las montañas por valor de millones. Hacia 1870, Clear Creek County era uno de los principales condados productores de metales preciosos de Colorado. Aunque muchos de esos campos mineros se convirtieron en pueblos, no todos prosperaron. En aquella época, Colorado era una zona tumultuosa y violenta, con pocas leyes. Esto encaja con la descripción de Sharon.

Sin embargo, esa región no está situada a unos 300 kilómetros de Denver como dijo Sharon, sino que está, más o menos, a 60 kilómetros al oeste de Denver. Pero para una chica ingenua y de escasa educación que nunca se había alejado de su casa, incluso ésta podría parecer una gran distancia. Sobre todo si su marido no estaba y ella esperaba la llegada de su primer hijo

17

en cualquier momento. Se habría sentido igual si se hubiera tratado de 300 kilómetros.

En la década de 1860, varios grupos de delegados celebraron asambleas en Denver a fin de redactar una Constitución para el territorio y establecer sus fronteras. En todas las asambleas se planteó la cuestión de si Colorado debía convertirse en estado y en todas ellas la proposición fue rechazada por votación. Existía un claro rechazo al pago de impuestos y la gente, sobre todo los habitantes de las montañas, amenazaron con utilizar las armas contra los recaudadores que intentaran hacer cumplir las leyes de impuestos.

Colorado no adquirió la categoría de estado hasta 1876 debido, principalmente, a esa hostilidad manifiesta. Antes de esa fecha, se celebraron asambleas con asiduidad, de modo que Tom Jacobs pudo haber asistido a cualquiera de ellas.

Creo que Sharon vivió en la región de Clear Creek en algún momento entre la década de 1860 y principios de 1870, puesto que los colonos no se instalaron en Colorado hasta que empezó la fiebre del oro. Además, las condiciones de vida de aquella personalidad habían sido muy buenas y el pueblo muy evolucionado, lo cual no concuerda con la situación de los primeros colonizadores.

Como había sospechado, Katie estaba demostrando ser una paciente extraordinaria. Se sumergía, con rapidez, en un estado de hipnosis profunda, exteriorizaba sensaciones sensoriales, experimentaba emociones y apenas recordaba nada al despertar. Katie era una auténtica sonámbula. Denominamos sonámbulos a aquellas personas capaces de alcanzar los estados de trance más profundos y que, durante la regresión, se transforman, por completo, en la otra personalidad. Dick Sutphen, destacado experto en reencarnaciones, dice que sólo una de cada diez personas alcanza ese nivel. Yo sabía que éste era el tipo de sujeto más adecuado para mis investigaciones y deseaba enormemente continuar trabajando con Katie si ella así lo quería.

# 3  Las vidas de reposo

Habíamos disipado el recelo inicial y habíamos descubierto que Katie era una sonámbula excelente. Ella se sentía un poco confusa y tenía sus dudas sobre el origen del relato. Me preguntó cómo determinaba si un recuerdo era real. ¿Cómo sabía que no se trataba de su imaginación desbordada?

Le respondí que la información se podía considerar verdadera cuando el sujeto mostraba auténticas emociones, pues éstas no pueden fingirse bajo hipnosis. Sharon había expresado una tristeza genuina por el fallecimiento de su padre en Colorado, y sincero pesar por morir tan joven durante el parto. Se resistía a dejar a su marido y su vida en aquel lugar. Cuando el sujeto manifiesta sentimientos tan humanos puedes estar segura de haber dado en el clavo; se ha destapado algo muy profundo que estaba esperando salir a la luz.

Cuando el sujeto se despierta, a menudo se muestra turbado. Su mente consciente le dice que ha hecho el ridículo porque esos sucesos no tienen nada que ver con él. Es la denominada «lógica» de la mente consciente. De hecho intenta justificar aquello que no quiere comprender diciendo: «Probablemente lo has leído o lo has visto en la televisión o en el cine.» Tras reflexionar, el sujeto suele darse cuenta de que los acontecimientos fueron tan reales y sus sentimientos tan intensos que no pueden ser producto de la imaginación. Las emociones son la clave.

Después de oír esta explicación, Katie dijo, simplemente: «Bien, eso es todo lo que quería saber. Has contestado a mi pregunta... Algo ha estado inquietándome últimamente. Ahora no quiero hablar de ello..., quizás otro día.» No me aclaró nada más, pero algo cambió en su expresión. Su actitud, normalmente relajada, desapareció, y se puso seria, pensativa. Tuve la sensación de que alguna cosa, sin relación con la vida de Colorado, la preocupaba, pero en aquella época no la conocía lo suficiente para preguntarle directamente. Le indiqué que, cuando se sintiera preparada, podíamos hablar de aquello.

En la siguiente sesión, sugestioné a Katie para que entrara en trance sonámbulo profundo al oír una palabra clave. Esto se hace con frecuencia para comodidad del guía (yo, en este caso) y ahorrarle, así, inducciones más largas. El sujeto que ha sido sugestionado por el hipnotizador entra en trance profundo con sólo oír la palabra clave, que puede ser cualquier sonido.

Y o siempre añado la condición de que el sujeto entrará en trance sólo si así lo desea; de este modo, él sabe que tiene el control y no teme que yo realice la inducción contra su voluntad o en un momento inadecuado para él. Esta técnica ha resultado muy útil en la construcción de la relación guíaujeto, pues éste se da cuenta de que no tiene nada que temer y que yo trabajaré sólo si cuento con su cooperación. Es importante hacer lo posible por disipar la extendida imagen del hipnotizador de escenario que induce al público a realizar todo tipo de actos ridículos con un chasquido de los dedos.

Durante las semanas siguientes, dejé que el subconsciente de Katie decidiera qué vidas explorar en nuestro trabajo conjunto. En aquel tiempo, yo no la dirigí a ninguna época concreta y descubrimos unas cuantas «vidas de reposo» de poca relevancia.

Aunque podríamos definir las vidas de reposo como vidas sin trascendencia, yo no creo que haya ninguna vida que no sea trascendente. Cada una de nuestras vidas constituye la historia única de un ser humano y, por ello, todas son importantes. Las vidas de reposo pueden ser cortas o largas. En ellas, el ser parece deslizarse por una vida aburrida y aparentemente irrelevante en la que nada extraordinario sucede.

Todos conocemos a gente en circunstancias como ésta; gente que parece navegar por la vida sin que nada les inquiete, sin levantar oleaje. En esas vidas podemos compensar y resolver karma sin que, aparentemente, creemos más. Supongo que todos necesitamos una vida como ésa de vez en cuando, pues no se puede pasar de una vida traumática a otra sin descanso.

Las vidas de reposo son perfectas para reponerse y, por lo tanto, son importantes, aunque las personalidades parezcan vanas e insulsas. Esto puede ayudarnos a ser más comprensivos con las personas que conocemos y que están pasando por una de esas vidas. Debemos darnos cuenta de que no podemos juzgar a una persona si no sabemos de qué tipo de vida está descansando, cuáles han sido sus logros anteriores, y cuáles

20

realizará en el futuro.

Como he comentado antes, éste es el tipo de vida que el subconsciente elige mostrar cuando alguien empieza a experimentar con la regresión. La vida de Sharon, en Colorado, es un ejemplo típico. Cuando aparece una vida así, yo sé que hay un trauma muy duro escondido temporalmente en el pasado. El propósito de mi trabajo es construir una relación con el subconsciente del sujeto y favorecer que las vidas significativas puedan salir a la luz cuando la personalidad se sienta capaz de enfrentarse a ellas. A continuación relato tres vidas de reposo que surgieron durante el período inicial de prueba con Katie.

Una fue la vida de Joshua, un joven huérfano que vivía en el bosque. A pesar de tener sólo doce años, había aprendido a cuidar de sí mismo. Según dijo, no había tenido más remedio, pues no conocía a nadie más en quien confiar.

D:   *¿Qué les ocurrió a tus padres?*
K:   Mi mamá murió. Los soldados la mataron. Nunca conocí a mi padre.

El acento era, sin duda, inglés y la voz muy suave. Tuve la impresión de que Joshua no estaba acostumbrado a hablar con gente. Respondía con lentitud, como si tuviera que pensar antes de hablar.

D:   *¿Por qué la mataron?*
K:   ¿Por qué hacen lo que hacen los soldados? Querían el pueblo. Había muchas peleas en la zona. ¿Quién sabe por qué? Eso es lo de menos. Los soldados aparecieron y quemaron el poblado. A mí me tomaron por muerto. [La voz era suave, tímida e infantil.]
D:   *Si te hubieras quedado en el pueblo, ¿no habrías estado bien?*
K:   ¡Mataron a mi madre! Probablemente, también me habrían matado a mí.
D:   *¿Estás muy lejos del pueblo?*
K:   Más o menos a mediodía.
D:   *¿Qué haces cuando tienes hambre?*
K:   Atrapo un conejo con mi lazo, a veces incluso un jabalí. O robo una gallina y la aso. Otras veces sólo como bayas, si es la época. Cuando llega el frío, es difícil encontrar comida, pero en primavera no me va tan mal.
D:   *¿Dónde duermes?*

21

K: Algunas veces hago una cabaña con árboles, pero otras, si no llueve, duermo bajo las estrellas.

D: *¿Qué ropa utilizas?*

K: Despellejo los animales que cazo y después curto las pieles.

D: *Vaya, vivir así resulta sorprendente.*

K: Quizás algunas personas lo crean, pero yo sé cuidar de mí mismo y no tengo que ocuparme de nadie más.

D: *¿Alguna vez te molesta estar solo?*

K: No. No estoy nunca solo. Hablo con los animales, y con los pájaros. Al menos con ellos no discuto; además tengo muchas cosas que hacer. La gente es un fastidio.

D: *¿ Tienes apellido, Joshua?*

K: Sólo la gente rica tiene apellido.

D: *¿Por qué vives en el bosque?*

K: No es seguro aventurarse por ahí solo, al menos en campo abierto. Los hombres del *sheriff* podrían cogerme, porque siempre necesitan esclavos. Vasallos.

D: *¿Por qué querrían cogerte, si no molestas a nadie?*

K: ¿A cazar furtivamente los ciervos del rey le llamas no molestar a nadie? Se mata a un hombre por mucho menos. Yo he visto a un hombre ahorcado por hacer eso mismo.

D: *¿Crees que el* sheriff *sabe que estás por aquí?*

K: ¡No! Tengo cuidado.

D: *¿Dónde vive la demás gente?*

K: La mayoría en el pueblo, alrededor del castillo. Yo no voy por allí, la gente no suele ser buena.

Y o pensaba que, puesto que el muchacho vivía como un ermitaño en el bosque, me iba a resultar más difícil averiguar el país y la época en que vivía. Me dijo que vivía en Bretaña, pero, como había mencionado los ciervos del rey, el *sheriff y* los esclavos, más bien parecía Inglaterra. Me pregunté si esos personajes existían en otros países, además de Inglaterra. Tenía que pensar en preguntas que me ayudaran a determinar la época en que vivió.

D: *¿Alguna vez has oído nombrar el año en que vives?*

K: [Hubo un silencio y después habló como si recitara.] En el año de Nuestro Señor..., mil... ciento... sesenta y ... seis.

Me alegró obtener este dato porque el año es lo más difícil de averiguar en las regresiones.

D :   ¿Cómo van vestidos los demás? ¿ Los ves alguna vez?
K:   Sí, algunas veces los veo de lejos. Las mujeres llevan vestidos hasta los pies, de lana, supongo. Los hombres llevan jubones, sobre calzones [no se oyó muy claro] y calzones.

Después de hacer averiguaciones, descubrí que un jubón es como un chaleco hecho, normalmente, de piel. Los sobre calzones debían ser capas cortas que llegaban, sólo, hasta los calzones (nombre que se daba, también, a los bombachos). Esta ropa concuerda con la utilizada en los siglos XII y XIII.

D:   ¿Llevan algo en la cabeza?
K:   Algunos sí. Unos llevan gorra y otros capa con capucha.
D:   ¿ Y las mujeres se cubren la cabeza?
K:   Las ricas. Las mujeres ricas llevan redecilla. [No le entendí] ¡Crespinas! ¡Redecillas!

En ese momento no estaba segura de lo que Joshua quería decir, pero, más tarde, descubrí que se correspondía con la manera de vestir de la época. Las mujeres adineradas llevaban el pelo recogido atrás con una redecilla.

Decidí trasladar a Joshua hasta un momento importante de su vida en el futuro, aunque no podía imaginar qué resultaría importante para alguien que vivía solo en el bosque. Los días debían ser todos iguales. Lo situé en el futuro y le pregunté sobre lo que estaba haciendo. Estaba escondido en la copa de un árbol y observaba una comitiva que cruzaba el bosque.

K:   Parecen gente rica, elegante. Todos muy bien vestidos. Muchos soldados. Debo cuidar de que nadie me vea.
D:   Sí, ve con cuidado. ¿Sólo hay soldados?
K:   No, hay una... caja extraña. Un caballo tira de ella y otro va detrás. [Pensé que me describía un carruaje.] Dentro hay una dama. La caja tiene cortinas, que están corridas, y la dama asoma la cabeza. Hay dos hombres con ropas muy elegantes. Llevan capas que parecen de tejido muy suave sujetas con broches muy grandes. Y muchas joyas.
D:   Deben ser gente adinerada.
K:   Tienen que serlo, pues llevan muchos soldados.
D:   ¿Los hombres bien vestidos llevan sombrero?

23

K:   No, pero uno lleva algo de plata alrededor de la cabeza.
     Eso es todo.

Dijo que iban bien afeitados. Convencida de que se puede
aprender mucho sobre una determinada época a partir de la ropa
que se utiliza, me interesé por la manera de vestir de los
soldados.

K:   Llevan pesados... jubones de... malla. Y también cascos,
     redondeados, o algo así, con una pieza que les cae sobre
     la nariz y a los lados de la cara. Y espadas grandes y
     largas.

Joshua no tenía ni idea de quién eran esas personas ni de a
dónde se dirigían. Era todo un acontecimiento que alguien
pasara por la zona de bosque que él habitaba.

K: Probablemente, la mujer va a casarse y quieren asegurarse
de que llega a su destino. No parece muy feliz. Alguien la ha
llamado... Winifred... o Swanson.
D:   *¿ Están hablando?*
K:   Sí, pero casi no puedo oírles.
D:   *¿Hay alguien con ella, en el carro?*
K:   No sé. Sólo puedo verla a ella porque asoma la cabeza
     entre las cortinas.
D:   *¿Adónde crees que se dirigen?*
K:   No lo sé, quizás al castillo. Hay uno a lo lejos.
     ¿Quién sabe?

Le pedí una descripción más detallada de la extraña caja
en la que viajaba la dama.

K:   El tejado parece muy resistente, con una especie de
     estacas en los bordes. Tiene pared.es, con una ventana en
     cada lado y se sostiene sobre varas, entre dos caballos, uno
     delante y otro detrás.
D:   *[Yo seguía pensando que Joshua hablaba de un
     carruaje normal.]¿ Cuántos caballos tiran de él?*
K:   Sólo el de delante y el de detrás, y ambos llevan arneses.

Siempre me sorprende lo que la gente considera un día

importante. Cuando lo descrito es algo como esto, irrelevante, me demuestra que el sujeto no está fantaseando. Una vez más, trasladé a Katie hacia el futuro, a otro día importante en la vida de Joshua. Ella empezó a respirar con dificultad y a alterarse.

K: ¡No puedo ver! ¡Me duele!

Fue algo repentino y transmití a Katie ideas tranquilizadoras en el sentido de que no iba a sentir sensaciones físicas reales. Si lo deseaba, podía distanciarse de esa parte concreta de la experiencia y explicarme objetivamente lo que había ocurrido.

K: [Respiraba con dificultad.] ¡Me han disparado! ¡Me han cogido! Un soldado me ha atrapado... cazando un ciervo ... ¡Me han disparado!
D: *¿Qué hay de malo en cazar un ciervo?*
K: Es para el rey..., para los nobles. Yo no tengo derecho.

Cuando esto ocurrió, Joshua sólo tenía quince años y, al parecer, había pasado la mayor parte de su vida en los bosques, viviendo de su destreza. Un ejemplo perfecto de una vida de reposo. Había tan poca variedad en su vida que le había costado encontrar días importantes que relatarme.

Me pareció interesante su descripción del vehículo en forma de caja. Mi primera reacción fue creer que se refería a un carruaje, hasta que empecé a investigar. Los carruajes que conocemos nosotros no aparecieron hasta mucho más tarde, sobre todo por el lento desarrollo de las carreteras. Este dato me sorprendió porque, con frecuencia, vemos carruajes en películas ambientadas en aquella época.

Descubrí que el vehículo descrito por Joshua era una litera, aunque nunca había visto literas en películas de aquellos tiempos. Los dibujos de literas que he visto son muy parecidos a la descripción que hizo Joshua de una estructura en forma de caja, con cortinas y sin ruedas: Tienen estacas en las esquinas y se sostienen sobre dos varas largas apoya- das en caballos, uno delante y otro detrás. Los caballos van montados por jinetes que los guían. Según me han informa- do, este tipo de vehículo no aparece en películas de cine o televisjón porque resulta muy difícil entrenar al caballo de detrás para que siga al vehículo sin ver a dónde se dirige.

Según cita de la Enciclopedia Colliers, en la entrada *Li- tera:* «Durante la Edad Media, el medio habitual de transporte era a lomos de caballo o de mula, porque en Europa había pocas carreteras y mucho barro. Este medio de desplaza- miento era molesto para ancianos y enfermos y se consideraba indigno de las damas. Por consiguiente, entre los viajeros que podían permitírselo, se extendió el uso de la litera, un lecho en el interior de una superestructura que protegía al pasajero de la lluvia y el viento. Las literas, apoyadas en caballos o mulas, se utilizaron en Europa desde el siglo XI hasta el XVII.»

Ésta podría haber sido una regresión simple, sin ningún dato de importancia, de no haber sido por la mención de la litera. Este hecho demostraba que Katie no se basaba en información que procedía de películas o programas de televisión y que estaba archivada en su mente consciente.

Ésta era la primera vez que oía mencionar una litera, pero no fue la última. Ha surgido muchas veces en mi trabajo con distintas personas. Debió ser un medio de transporte muy extendido durante aquel tiempo. Tampoco me he encontrado, hasta ahora, con que alguien se haya equivocado y haya mencionado un carruaje en un tiempo equivocado. Esto debería servirnos de prueba en relación con las experiencias de regresiones a vidas pasadas.

Una semana más tarde, surgió otro caso similar de vida de reposo. Se trataba de una personalidad que hablaba despacio y en voz muy baja. A veces resultaba difícil oírla y se notaba que no estaba acostumbrada a las prisas.

K:   Veo extensos bosques ..., árboles enormes ... Y llueve.
D:   *¿Dónde estás? ¿Lo sabes?*
K:   Estoy en mi casa, en mi tierra. [Hubo una pausa.] La tierra no tiene nombre, es sólo la tierra.

Esto me ha ocurrido muchas veces, cuando encuentro personalidades primitivas. Con frecuencia, llaman al lugar donde viven *la tierra* y ellos son, simplemente, *la gente.*

D:   *¿Qué estas haciendo?*
K:   Estamos cazando.
D:   *¿Por qué «estamos»? ¿Hay alguien más contigo?*
K:   Sí, está mi hermano.
D:   *¿Por qué cazáis?*
K:   Para conseguir comida. Puede que un mono.
D:   *¿Tenéis armas?*
K:   Yo uso mi lanza dardos, y, a veces, construyo trampas... de lazo. También tenemos cerbatanas, arco y flechas.

La entidad se identificó como un hombre llamado Tocoricam (transcripción fonética). Le pedí que describiera su ropa.

K: Llevo un ... taparrabos [como si le hubiera costado encontrar la palabra correcta] y mocasines. Están hechos de piel y ... cosidos.

Esta personalidad tenía dificultades para encontrar las expresiones adecuadas. Quizá no tuviera en su vocabulario palabras para contestar a algunas de mis preguntas.

D: *¿No pasas frío con tan poca ropa?*
K: Siempre hace calor.

Mi trabajo es similar al de los detectives; debo seguir todas las pistas posibles. Como intentaba establecer de dónde era originario, le pregunté por el color de su piel. Me respondió que era «de un color marrón rojizo, del color de la tierra», y su pelo negro. Por su descripción deduje que podía descartar a los habitantes de las selvas africanas. También me dijo que tenía unos veinte veranos de edad.

D: *¿ Vives cerca de aquí?*
K: Sí, vivimos río abajo.

Siempre se puede obtener más información a partir de cómo vive el sujeto, de modo que trasladé a la personalidad hasta el lugar donde vivía y le pedí que me lo describiera. De manera instintiva, yo esperaba una choza en un poblado pues consideraba que ésta sería una respuesta normal.

K: Es ... Hemos cavado una cueva pequeña en una ladera escarpada. Lo suficiente para protegernos de la lluvia. Y tenemos un fuego, y lechos para dormir al fondo de la cueva. [Para mí, fue una respuesta inesperada.]
D: *¿Sois muchos en tu familia?*
K: Sólo somos cinco. Está mi hermano y yo; está mi hermana y mis dos padres..., mi madre y mi padre.
D: *¿O sea que cazáis para alimentar a vuestra familia?*
K: Sí, para sobrevivir hay que alimentarse. También encontramos raíces y ... estamos bien.

27

D: *¿Hay otras familias además de la tuya?*

K: Sí, hay muchas, pero se esconden. A veces nos encontramos con otras gentes, pero casi siempre estamos solos.

D: *¿Plantáis algo en la tierra?*

K: No. Para plantar, hay que quedarse en un lugar y quedarse en un lugar significa ser encontrado. Noso tros vivimos de la tierra. Hay mucho que comer en este lugar, para nosotros y para los que saben cómo vivir. Pero siempre tenemos que desplazarnos porque no es seguro. *Los extraños* vienen en busca de gente y nosotros tenemos que escondernos.

D: Les *has llamado* los extraños. *¿Por qué les llamas así?*

K: Van sobre bestias enormes y matan a la gente como si... no significaran nada para ellos. No son de *la tierra.*

D: *¿Quieres decir que vienen de otro lugar? ¿Son distintos a vosotros?*

K: Sí. Su piel es ... clara comparada con la nuestra. Son hombres muy enfadados y llevan ... cosas largas que ... [de nuevo tenía dificultades para las descripciones], que escupen humo y los hombres caen. No es bueno.

Al parecer era la primera vez que veía utilizar un arma de fuego.

D: *Has dicho que van sobre bestias enormes. ¿Qué aspecto tienen esas bestias?*

K: Son casi tan altas como la gente, y tienen cuatro patas y orejas puntiagudas. Tienen el cuello largo y grueso y la cabeza grande, con grandes ojos que giran.

Para alguien que nunca antes había visto un caballo, se trataba de una descripción muy buena. Su mención de los grandes ojos giratorios dejaba patente que se sentía aterrorizado por aquellas criaturas raras y excitables.

D: *¿No habías visto nunca un animal como éste?*

K: No. No son de aquí.

D: *Has dicho que* los extraños *venían a los bosques montando esas bestias y que se llevaban a la gente. ¿Sabes adónde la llevan?*

K: Sí, quieren gente para trabajar en sus minas. Allí, la gente muere, no es un buen lugar.

D: *¿Qué tipo de minas son ésas?*

K:  Sacan piedras de la tierra. ¿Quién sabe para qué? A la tierra no le gusta.

D:  *¿Hay minas cerca de donde tú vives?*

K:  No, están al otro lado de las montañas.

Como siempre, también esta vez adapté las preguntas y mi actitud al tipo de personalidad con la que estaba ha- blando.

D:  *Entonces, ir en esa dirección sería alejarse de la tierra, ¿no es cierto?*

K:  Sí, sería ir hacia el peligro. Nos quedaremos ... aquí, donde estamos más o menos seguros. No siempre hemos vivido de este modo. Cuando yo era joven, asaltaron nuestros poblados. Reunieron a la gente como a animales y se la llevaron.

D:  *¿Tu tribu tiene nombre?*

K:  Nos llamamos *la gente* ... *La gente* es una con la tierra y ahora la tierra llora.

D:  *De modo que es por eso que siempre tenéis que desplazaros, para que no os encuentren. ¿Vienen a menudo a los bosques?*

K:  Normalmente, están ... bastante cerca y, a veces, forman ... grupos y hacen asaltos. No sé por qué hacen todo esto.

Su historia era muy interesante, pero no me proporcionaba mucha información sobre el lugar donde se encontraba. Lo trasladé a un día importante en su vida, aunque pensé que, a menos que hubiera sido capturado por los extraños, era poco probable que le hubiera ocurrido algo extraordinario.

K:  Estoy en mi canoa. Voy río abajo. [Hablaba lenta y pausadamente, con un acento extraño.] El bosque es muy espeso. Crece hasta la misma orilla del río. Hay muchos animales y ... el cielo es muy azul.

D:  *¿Dónde conseguiste la canoa?*

K:  La construimos nosotros. Cogimos un tronco caído y ... lo vaciamos.

D:  *¿Fue un trabajo difícil?*

K:  No, pero toma mucho tiempo.

D:  *¿ Tenéis herramientas para hacerlo?*

K:  Piedras afiladas. Para extraer la madera que está seca.

D:  *Habréis tardado mucho tiempo en hacerla.*

29

K: Varios días.

D: *¿Adónde vais ahora?*

K: Nos dirigimos a un lugar más seguro, donde los extraños no hayan llegado. Queremos vivir tranquilos y no tener que preocuparnos de escondernos. Los extraños vienen y se llevan a nuestra gente a trabajar a los grandes agujeros en la tierra, y no les volvemos a ver.

D: *¿De dónde vienen los extraños? ¿Lo sabes?*

K: Salen de la selva montados en grandes bestias. No sé de dónde vienen ... Nos vamos donde no puedan encontrarnos.

D: *¿ Tardaréis mucho en encontrar un lugar seguro?*

K: No sabemos cuándo encontraremos un lugar donde podamos vivir. Cuando lo veamos lo sabremos.

Lo dejé mientras bajaba por el río en busca de seguridad y trasladé a Katie a otro día importante en esa vida.

K: [Con un suspiro.] Veo el cuerpo. Está temblando. Tiene la fiebre ... y está agonizando.

D: *¿Dónde está el cuerpo?*

K: En la orilla del río. Acampamos ahí y ... vino la fiebre. Sucede que ... si algún miembro de *la gente* coge la fiebre, a veces la corteza nos cura. Pero, esos árboles no crecen por aquí. .. y me estoy muriendo. Mi padre no es un curandero. No tiene todos los conocimientos. [Suspiró.] Está triste.

D: *¿Si encontrarais ese árbol os serviría de ayuda?*

K: No siempre cura. Sólo algunas veces. Es la voluntad del dios.

D: *¿Eras muy joven cuando moriste por la fiebre?*

K: Tenía 21 o 22 veranos, más o menos. Había llegado mi hora.

D: *¿Los extraños encontraron a tu gente, a tu familia?*

K: Mientras estuve con ellos, no. Se escondieron.

Éste constituía otro buen ejemplo de una vida de reposo. La entidad no creó más karma y su vida fue sencilla. Una vez más, podría haberse tratado de una regresión irrelevante de no haber sido por la descripción del caballo y los extraños. Si alguien inventara una historia no se entretendría en detalles como éstos. En una historia imaginada habrían ocurrido muchas más cosas. De hecho, el entorno constituía un material muy fértil para idear una aventura, si ésa hubiera sido su intención.

Determinadas pistas, en esta regresión, me ayudaron a establecer la zona y la época. Deduje que se trataba de algún lugar en la selva sudamericana. El árbol al que se refirió era, probablemente, el árbol de quina, cuya corteza contiene quinina. Estos árboles crecen en los Andes, desde Colombia hasta Perú, y se utilizan para curar la malaria, que fue, sin duda, la fiebre de la que murió.

La colonización de Sudamérica por parte de los españoles empezó en la segunda mitad del siglo XVI. Sus ansias de riqueza les llevaron a explotar la extracción minera de esmeraldas y metales preciosos. En mi investigación des- cubrí que, en aquella época, los indígenas sudamericanos fueron cruelmente explotados y obligados a trabajar en minas bajo condiciones extremadamente duras. En sesiones posteriores, cuando trasladé a Katie al año 1650 encontré a este aborigen y esta fecha concuerda con el período colonial español.


Otra vida de reposo que salió a la luz durante las primeras semanas fue la de Gretchen, una niña de cinco años y largas trenzas rubias.

D: *¿Qué ves?*
K: Veo un castillo en lo alto de una colina. Tiene grandes y altas torres puntiagudas en las esquinas y está hecho de piedra gris. Y el terreno de alrededor tiene como unos muros que lo rodean. Es muy grande. [En este caso, Katie hablaba con un marcado acento alemán que hacía difícil entender algunas de las palabras.]
D: *¿Dónde estás?*
K: Abajo, en el bosque.
D: *¿Hay alguien contigo?*
K: Mi padre está cerca, cortando madera.
D: *Y tú, ¿qué haces?*
K: Cojo flores.
D: *¿Vives en el castillo?*
K: *Nein,* vivo en una cabaña.
D: *¿Qué hará tu padre con la madera que corte?*
K: La venderá en la ciudad. En realidad no es una ciudad, es

31

sólo un pueblo.

Me dijo que no vivían lejos del pueblo, cuyo nombre no recordaba. Le pregunté si el castillo tenía un nombre.

K: Braunfit. [Fonéticamente: Brauns-fait.]
D: *¿Sabes quién vive en el castillo?*
K: El duque. [Le pregunté su nombre pero no supo decírmelo.]
D: *¿Tu padre es el único miembro de tu familia?*
K: Oh, *nein*. Tengo un hermano, Hans. Sólo Hans y yo ... y mi padre.
D: *¿Qué le ocurrió a tu madre?*
K: Murió cuando yo era bebé. De cólera.

Le pregunté el nombre de su padre y ella respondió, con una pronunciación alemana correcta, que se llamaba Wilhelm. La guié hasta la cabaña donde vivía para que me la describiera.

K: Las paredes son blancas y hay una gran chimenea abierta, con una especie de arco. Sólo hay dos habitaciones: la sala y un dormitorio.
D: *¿Dormís todos en la misma habitación?*
K: Todos menos mi padre. Él duerme en la sala.
D: *¿Hay muebles en la sala?*
K: La cama grande, una mesa y un par de sillas.
D: *No parece una casa muy grande.*
K: Oh, *nein,* pero es suficiente para nosotros.
D: *¿Quién cocina?*
K: Yo y Hans. Hay una barra que hacemos girar por encima del fuego y de ella colgamos las ollas. Si cocinamos carne, usamos un asador. Todos tenemos que ayudar y, si no trabajamos, no comemos.

Esta expresión me resultaba familiar. Era la misma terminología que utilizaba la otra niña alemana que aparece en mi primer libro *Five Lives Remembered*.

K: Algunas veces, cuando padre obtiene suficiente dinero de la madera, compramos pan moreno o incluso un cerdo. Otras, va a cazar al bosque y comemos car- ne fresca: ciervo o jabalí.
D: *¿Qué utiliza para cazar?*

K:   El arco y las flechas.

Como de costumbre, le hice una pregunta de prueba para eliminar la remota posibilidad de que estuviera fantaseando.

D:   *¿Qué coméis en invierno, cuando la tierra no da alimentos?*
K:   Comemos patatas e intentamos cazar conejos con trampas.
D:   *¿Pasáis hambre?*
K:   Oh, *nein,* ni tampoco frío.
D:   *¿Qué ropa llevas puesta, Gretchen?*
K:   Hoy me he puesto el vestido *dirndl* rojo con una blusa blanca toda de flores.

Hasta que me puse a investigar, nunca antes había oído hablar del vestido *dirndl.* Se trata de una falda ancha con un delantal blanco o de color y un corpiño ajustado. El conjunto se lleva con una blusa blanca o un pañuelo que se introduce en el corpiño. Es el traje nacional de los Alpes bávaros y austríacos.

D:   *¿ Qué tipo de zapatos llevas?*
K:   De madera.

Esta respuesta me sorprendió, pero luego recordé que Holanda no es el único país donde se utilizan zuecos.

D:   *¿No son duros por dentro?*
K:   Los llenamos de paja y así tenemos los pies calientes.
D:   *Debe ser difícil andar con ellos.*
K:   Se aprende.

Pensé que, probablemente, era demasiado joven para entrar en más detalles, así que la trasladé a un día importante en su vida, cuando fuera mayor.

K:   Nos dirigimos al castillo.
D:   *¿Cuántos años tienes?*
K:   Diez.
D:   *¿Por qué vais al castillo?*
K:   Mi padre quiere preguntar si nos darían trabajo.

D: *¿Ya no corta madera?*

K: Sí, pero bocas que crecen, más quieren comer.

D: *¿Qué tipo de trabajo busca?*

K: Le gustaría trabajar en los establos. Yo quizá pueda ayudar en la cocina. Eso me gustaría.

D: *¿Y Hans?¿ También va con vosotros?*

K: [Oír hablar de su hermano la entristeció.] Hans se marchó. Se lo llevaron al ejército. Hay una guerra; siempre hay guerra.

D: *¿Quién se lo llevó?*

K: Los hombres del duque. [Su voz era triste.]

D: *¿Tenéis noticias de él?*

K: *Nein.*

D: *[Decidí volver al relato de su vida.] ¿Habías estado antes, en el castillo?*

K: [Con temor y admiración.] ¡Oh, *nein!*

D: *Entonces, se trata de todo un acontecimiento, ¿no es cierto? ¿Qué estás haciendo ahora?*

K: Estoy abajo, en la cocina. Es muy grande.

D: *¿Sólo ayudas tú en la cocina?*

K: Oh, *nein,* hay diez criadas más y cuatro cocineros.

D: *Eso es mucha gente. ¿Y tú cocinas para muchas personas?*

K: Yo no cocino, no soy tan importante; sólo friego las ollas.

D: *¿Crees que alguna vez podrás ver otros lugares del cstillo?*

K: Quizá, si tengo suerte y asciendo a sirvienta, sí.

D: *¿Os quedaréis a dormir en el castillo o iréis a dormir a vuestra casa?*

K: Oh, *nein,* está demasiado lejos. Nos quedaremos a vivir en el castillo. Yo puedo dormir en la habitación que hay encima de la cocina.

D: *¿La compartirás con alguien más?*

K: *Ja,* con todas las mozas de cocina.

D: *¿Dónde dormirá tu padre?*

K: En los establos.

D: *Debe haber muchos caballos.*

K: Oh, *ja.* Entran y salen continuamente.

Me estaba contando que su padre cobraría por su trabajo, pero que ella no, cuando, de repente, pareció sentirse incómoda. Le pregunté qué le sucedía, a lo que respondió: «¡Hace tanto frío!», y empezó a toser. Este cambio me sorprendió.

D:   *¿Dónde hace frío? ¿En la cocina o en tu dormitorio?*
K:   *Nein.* [Hablaba como si estuviera temblando.]
D:   *¿Dónde estás?*
K:   [Aún temblaba.] ¡Me he perdido! [Yo no lograba entenderla.] Está nevando. [Empezó a toser otra vez.]

Éste es un ejemplo típico de la inestabilidad que, con frecuencia, padecen los sujetos cuando empiezan a trabajar con la regresión. Tienden a saltar, hacia delante o hacia atrás, dentro del marco temporal en que nos encontremos y, a veces, incluso saltan de ese espacio temporal a una vida totalmente diferente. Esto ocurre de manera espontánea sin que nadie les dirija. En cuanto el subconsciente se acostumbra a trabajar con la regresión, estos saltos suelen cesar y el sujeto consigue estabilizarse y retener las situaciones.

Como Katie experimentaba síntomas físicos, la sugestioné para que se librara de su malestar y se sintiera bien. A continuación, le pregunté por qué estaba bajo la nieve.

K:   Volvíamos a la cabaña.
D:   *¿Por qué? Creí que ibais a quedaros en el castillo.*
K:   Queríamos coger algunas de nuestras cosas, cuando empezó a nevar.
D:   *¿Nieva mucho?*
K:   No se ve nada.
D:   *Vaya, por eso te has perdido. ¿Tu padre está contigo?*
K:   Sí. Está muy cansado.
D:   *¿Os queda mucho camino por recorrer?*
K:   No lo sabemos. Quizás hayamos andado en círculos.
D:   *¿Es de día o de noche?*
K:   Supongo que todavía hay algo de luz, pero el cielo está muy tapado y las copas de los árboles no nos permiten ver.
D:   *Entonces es posible que hayáis estado dando vueltas alrededor del mismo punto. ¿Qué vais a hacer?*
K:   [Con voz asustada.] No lo sé.
D:   *Está bien, y ¿qué ocurrió después?*

35

Conté hasta tres y le indiqué que sabría lo que había sucedido sin que le afectara hablar de ello.

K: [Tras una pausa.] Intentamos encender un fuego.
D: *¿Encontrasteis algo de leña seca?*
K: [Con voz apenada.] *Nein,* no conseguimos encenderla.
D: *¿Qué ocurrió después?*
K:  Primero llegó un lobo... de la profundidad de los bosques... Atacó a mi padre.
D: *¿Por qué crees que le atacó?*
K: Por lo que siempre atacan. Siempre están hambrientos.
D: *¿Tu padre tenía algún arma?*
K:  Sólo el bastón. Intentó ahuyentarlo, pero era demasiado fuerte ... ¡Le mató!
D: *¿Entonces, tú qué hiciste?*
K: Intenté subir a un árbol, pero no lo conseguí.
D: *Y, ¿qué ocurrió?*
K: Abandoné mi cuerpo. El lobo me mató.
D: *¿El mismo lobo?*
K: Uno de ellos.
D: *¿Cuántos años tenías cuando esto sucedió, Gretchen?*
K: Once.

Esto significaba que había dado un salto de un año hacia el futuro sin que nadie la guiara. Cuando iba, por primera vez, al castillo a trabajar, tenía diez años y, de repente, la encontramos, un año más tarde, en el día de su muerte.

Antes de despertarla, le transmití instrucciones y palabras tranquilizadoras. En sesiones posteriores, cuando volvimos al pasado siguiendo un orden secuencial, encontramos de nuevo a Gretchen perdida en el bosque. También esta vez, se puso a temblar y se sintió trastornada por el frío y por haberse perdido.

Hasta que Gretchen mencionó el vestido *dirndl,* creí que vivía en Alemania, pero este dato redujo las posibilidades a Baviera y Austria. De no haber mencionado que su madre murió de cólera, habría sido difícil establecer la fecha de esta vida. Yo estaba desorientada porque tenía en- tendido que el cólera era una enfermedad asiática.

Tras investigar, descubrí que el cólera se extendió por Europa y que el primer brote apareció en 1830; en 1848 surgió de nuevo; y en 1854 se declaró una terrible epidemia. Cualquiera de estas fechas situaba esta vida inmediatamente antes de la vida de

36

Sharon en Colorado, quien también tuvo una vida corta e irrelevante.

En aquella época, en Baviera había ducados (territorios gobernados por duques), y tanto Austria como Baviera experimentaron guerras cortas, por lo que tuvieron que reclutar ejércitos en varias ocasiones.

En total, en un año de trabajo, descubrimos 26 vidas de Katie que contenían cuantiosa información sobre una amplia variedad de culturas y creencias religiosas. Explicaré estas vidas en otro libro después de ordenarlas y de trazar los patrones kármicos que las relacionan.

Por el momento, su subconsciente todavía no se lo tomaba en serio y rehusaba explorar en profundidad vidas que le fueran significativas.

Durante aquellas semanas de trabajo con Katie, tuve la sensación de que, justo debajo de la superficie, había algo más que ella se resistía a tratar conmigo; algo realmente importante para ella.

# 4 - El secreto se revela

Katie empezaba a adaptarse a la idea de la reencarnación y a la posibilidad de que las vidas que revivía estando en trance fueran reales. Si no era así, ¿de dónde podían provenir? Incluso en esas vidas, aparentemente sencillas, se re- velaban detalles históricos y geográficos que ella desconocía debido a su limitada escolarización. Si hubiera querido fantasear, habría sacado a colación áreas «seguras», información que ella conocía de películas, libros o programas de televisión.

También se iba acostumbrando a mí y estábamos construyendo una buena relación de trabajo. Una tarde, mientras charlábamos sobre la sesión del día, confirmó mis sospechas de que había algo escondido bajo la superficie. Decidió contarme lo que le había estado preocupando.

Katie había reflexionado sobre lo que dije de que las emociones eran la clave para determinar si un recuerdo era auténtico. Dedujo que ésa podía ser la explicación de un extraño suceso que le había ocurrido unos seis meses antes de conocerme y que le había causado una gran impresión y ansiedad. Pensaba que era demasiado extraño para contarlo y lo había mantenido en secreto en su interior. Si no tenía sentido para ella, cómo podía esperar que tuviera sentido para otros.

Como temía que las personas llamadas «racionales» se rieran de ella y la tomaran por loca, lo había guardado para sí. Sin embargo, aquello todavía la inquietaba y, aún a riesgo de hacer el ridículo, me preguntó: «¿Qué pensarías si te dijera que creo que morí a causa de una bomba atómica en Japón?»

Que ¿qué pensaría? Primero me sobresalté, pero como creo en la reencarnación, sabía que podía ser cierto. Como escritora, pensé que sería muy interesante explorar ese camino.

Sin duda, todo el mundo sabe que arrojar la bomba atómica sobre Hiroshima constituyó un grave suceso que significó el fin de la Segunda Guerra Mundial y el inicio de la era atómica. Por mi interés en obtener información histórica de primera mano con la hipnosis regresiva, esto representaba un reto fascinante. También me interesan los acontecimientos históricos recientes pues son más fáciles de investigar, de modo que esta posibilidad me atraía enormemente. Sin embargo, en aquel momento, Katie no quería sondear la experiencia a través de la regresión porque sus sentimientos al respecto eran muy intensos. Simplemente empezaba a sentirse a gusto conmigo y quiso comentármelo.

«Sé que suena ridículo, pero recuerdo haber estado allí -dijo exhalando un profundo suspiro-. Y no lo entiendo.»

Como supuse que, algún día, podríamos descubrir algo más sobre aquel suceso, quise conocer las impresiones conscientes de Katie antes de que recibieran la influencia de los recuerdos por hipnosis. La insté a que me hablara del día en que el recuerdo surgió por primera vez.

Me contó que, en aquella ocasión, estaba sola en su casa. Como no tenía mucho que hacer, encendió el televisor. Estaban emitiendo un documental en que se entrevistaba a una mujer japonesa. Katie no llegó a ver el título del programa pero se puso a escuchar, ociosamente, lo que decían. Me dijo que no suele ver este tipo de programas y tampoco películas de guerra ni ningún otro que contenga escenas de violencia.

La mujer que entrevistaban había sobrevivido al bombardeo de Hiroshima y relataba sus recuerdos de la experiencia. Cuando sucedió, ella era una niña y aquel día fatídico estaba en la escuela. Recordaba una gran luz cegadora que no sabía de dónde venía. La gente corría, gritaba y todo se derrumbaba.

El programa no exhibió imágenes de la explosión ni de las secuelas a pesar de que esto es habitual en documentales de este tipo; sólo se vio a la mujer que hablaba. Por eso Katie no entendía su desmesurada reacción.

Según me contó, algo «se disparó» en el interior de su cabeza y, de pronto, pudo *ver* lo que había sucedido. Horrorizada, apagó el televisor, pero no pudo detener las imágenes y escenas que fluyeron por su mente.

«Sabía que era un anciano y lo veía todo desde su punto de vista; sentía sus sentimientos y pensaba sus pensamientos. Mientras se sucedían en mi mente las escenas de horror que siguieron a la explosión, supe que él pensaba: "Esto no puede estar ocurriendo." También pensaba que nadie podía hacer algo tan espantoso. Pero sobre todo, recuerdo los días siguientes. Recuerdo que veía sufrir y morir a niños y ancianos y pensaba que la gente que había muerto al instante había tenido un final mucho más fácil porque no tuvieron que presenciar tanto sufrimiento. Sé que el anciano no murió de inmediato, sino que agonizó durante unos nueve días. Lo que vi en mi mente constituyó una experiencia espantosa, un gran choque emocional. No podía entender qué me estaba sucediendo y, aún hoy, no sé de dónde procedía, pero era *muy real.* Me afectó muchísimo, lloré días y días y caí en una profunda depresión porque no sabía cómo interpretar todo aquello.»

«¿Por qué crees que te afectó tanto? ¿Tenías la sensación de haber estado realmente en aquel lugar, o había alguna otra razón?», le pregunté.

Incluso entonces, por el simple hecho de recordar el incidente, su voz denotó gran emoción. «No fue una sensación; lo *sabía.* Sin embargo, yo ni siquiera había nacido en aquella época, de modo que no tenía sentido. No sé cómo se pueden saber cosas que han sucedido o que van a suceder. Realmente, se trata de un conocimiento que proviene del interior; sencillamente, lo sabes. Fue una experiencia en verdad extraña, porque yo *no* soy un hombre, pero era así como me sentía. No sé explicarlo mejor.»

«¿Cómo conseguiste superar la depresión?»

Katie suspiró, «No sabía cómo asimilarlo, de modo que tuve que hacer algo así como replegarlo sobre sí mismo. Sabía que tendría que aprender a enfrentarme a aquella experiencia, pero en aquellos momentos no podía.»

«¿Ahora te preocupa?»

«Creo que estoy aprendiendo a afrontarlo. Intento pensar en ello como si le hubiera pasado a otra persona. Ahora puedo sacarlo, observarlo e incluso analizarlo hasta cierto punto, pero aún es... muy doloroso.»

Pensé que debía ser algo parecido a recordar hechos dolorosos de la infancia e intentar entenderlos un poco mejor. Ella estuvo de acuerdo. Quería averiguar el cómo y el porqué de la experiencia, pero este recuerdo era más fresco que los de su infancia. Era como volver a vivir el su- ceso; experimentarlo como si estuviera ocurriendo en ese preciso momento, sintiendo vivamente y sin atenuantes todas las emociones.

El impacto que produce una experiencia así sólo se puede imaginar si se ha pasado por ella, Katie estaba profundamente afectada y, aunque no lo entendía, no podía cuestionarse la realidad del incidente. El choque emocional que le había provocado era la causa fundamental de que hubiera empezado a experimentar con la hipnosis regresiva. Y, aunque no me había

40

hablado de aquello hasta entonces, estaba buscando una explicación a aquel extraño suceso. Sentía curiosidad pero estaba asustada.

De todos modos, aunque hubiera evitado ver películas bélicas y de violencia, por sus conocimientos de historia, debía estar enterada de la explosión de la bomba atómica: «Sí, pero la historia es algo muerto hasta que conoces a alguien que ha vivido la experiencia y revives su dolor; entonces se convierte en algo real y lo sientes con verdadera intensidad. Así es como me siento con respecto a ese anciano.»

Lo que sí era cierto es que el incidente había surgido con tanta fuerza que debía tener algún significado y propósito en su vida consciente; de no ser así, habría permanecido escondido y olvidado gracias al subconsciente protector.

Sin embargo, el recuerdo había sido tan real para Katie que no tenía el más mínimo deseo de profundizar en él. La impresión causada por el programa de televisión había sido tan profunda, que tenía miedo de revivir el suceso a través de la regresión. No sabía si algún día estaría preparada para enfrentarse a aquel episodio bajo hipnosis. Yo estaba convencida de que nada podría igualar el trastorno causado por la aparición inicial del recuerdo y que, bajo hipnosis, no sería tan traumático porque podía controlarse.

Alguna cosa me inquietaba en relación con la extraña experiencia de Katie. No comprendía por qué los recuerdos del bombardeo no habían aparecido antes. En esta era nuclear, todos hemos estado expuestos a relatos e imágenes de aquel suceso sin que lo hayamos buscado; han formado parte de nuestras vidas desde aquel espantoso día de 1945 y no entendía que ella hubiera permanecido inmune durante veintidós años. Entonces, sucedió algo totalmente inesperado que quizá pueda explicar su violenta reacción ante el documental.

Ocurrió cuando me habló sobre su singular nacimiento a la vida actual. Según me contó, nació sin vida en un parto casero. El médico intentó reanimarla, pero no pudo hacer nada por ella, de modo que dejó a un lado su fláccido cuerpo y concentró sus esfuerzos en la madre de Katie. Fue gracias a la intervención de la tía de Katie que ella vive en estos momentos. Aunque el médico le indicó que no serviría de nada intentarlo, la tía de Katie se esforzó en reanimar aquel cuerpo sin vida durante varios y largos minutos; hasta que se oyó un débil llanto. Katie ha oído contar esta historia toda su vida y su familia está convencida de que hoy no estaría con vida a no ser por la perseverancia de su tía.

41

Yo intentaba ganar tiempo mientras se me ocurría la manera de sacar a la luz la vivencia japonesa, así que pensé que valía la pena explorar esta vida. Quería acompañar a Katie en su nacimiento y descubrir la razón de que hubiera nacido sin vida. Además, estaba totalmente segura de que ella no sufriría daño alguno. Por experiencias pasadas, yo estaba convencida de que ella ni siquiera estaba en el cuerpo del bebé en el momento del nacimiento. Había retrasado su entrada por alguna razón y sería interesante averiguar por qué se había resistido a nacer a esta vida. Lo que descubrí me desconcertó por completo.

Después de hacerla entrar en trance profundo, le pedí que se trasladara al pasado de su vida actual. Debido a las circunstancias del nacimiento, en lugar de guiarla al momento en que nació, la dirigí al momento en que entró, por primera vez, en el cuerpo que respondía al nombre de Kathryn Harris. Quizás aquella manera de expresarme fue lo que provocó su respuesta, puesto que el subconsciente interpreta las palabras literalmente.

En lugar de encontrar a su espíritu preparándose para entrar en el cuerpo de un recién nacido, lo encontré a los pies de una cama, dispuesto a entrar en el cuerpo de un adulto. Se estaba preparando para cambiar de lugar con el espíritu que había habitado el cuerpo de Katie durante veintiún años. Esta entidad había aceptado resolver demasiados problemas en esta vida, y cuando descubrió que no era tan fuerte como pensaba y que no podía solucionarlos, pidió ser liberada del compromiso. Como las dos entidades se conocían de antes y tenían personalidades similares, aceptaron intercambiarse durante el resto de vida que le quedara al cuerpo físico de Katie. Me aseguró que se trataba de una práctica correcta y que se realizaba con asiduidad sin que la mente consciente se percatara de ello. Era preferible este método al suicidio, que se consideraba muy censurable. El cuerpo debe continuar viviendo, aún cuando el espíritu quiera cancelar el contrato.

No me resultó fácil aceptar esta explicación. Había guiado tantas regresiones que pensaba que no quedaba nada que pudiera sorprenderme. Pero siempre que creemos conocer todas las respuestas, sucede algo que nos hace despertar de nuestra autocomplacencia. Probablemente, nunca lo sabremos todo, y nunca acabará nuestra búsqueda de conocimiento. Sin embargo, me inquietaba pensar que, como seres humanos conscientes, tengamos tan poco que decir sobre lo que de verdad sucede en nuestras vidas. Es como si nuestra conciencia no fuera más que una fina máscara que cubre un interior extremadamente complejo.

Esta desconcertante situación se parecía mucho a lo que se denomina un «recién llegado», término que se utilizó por primera vez en los escritos de Ruth Montgomery y que se ha vuelto muy popular.

En términos generales, se refiere a un espíritu que «llega» a un cuerpo ya con vida en lugar de nacer como bebé. Anteriormente, sólo me había encontrado una vez con este fenómeno cuando realizaba hipnosis regresiva. Fue en la década de 1960, mucho antes de que se acuñara la expresión «recién llegado» y hablo de ello en mis libros: *Five Lives Remembered* y *Conversations with a Spirit*.

Lo que más me inquietaba, no era la idea de que Katie fuera un recién llegado, sino que fuera tan reciente. Si el intercambio de espíritus había ocurrido cuando ella tenía veintiún años, significaba que había sucedido unos seis meses antes de habernos conocido. Era asombroso. Katie no parecía distinta a las personas con las que tenía contacto a diario y, si aquello era cierto, entonces nada es lo que parece. Quizá todo es una mera fachada. Y, ¿qué es la realidad sino una mera fachada? ¿Significaba esto que nunca podremos conocer, de verdad, a otra persona? ¿Significaba que no podremos conocernos a nosotros mismos? Aquel suceso me hizo ser realmente consciente, por primera vez, de la separación que hay entre las distintas partes de un ser humano y del poco control que tenemos sobre ellas. La cabeza me daba vueltas. Debía acostumbrarme a la idea de que, en este tipo de trabajo, puede suceder cualquier cosa y que lo inesperado y lo inusual son la norma, mas que la excepción.

Quizás esta sesión contenía la respuesta a la pregunta que me había estado planteando. Quizás ésta era la razón de que el recuerdo traumático de Katie no hubiera aparecido antes. Ella había visto la entrevista televisada a principios de 1982; por lo visto, poco después de que el nuevo espíritu entrara en el cuerpo de Katie. Éste había absorbido los recuerdos de Katie, pero también conservaba sus propios recuerdos de vidas pasadas, y como había entrado hacía tan poco tiempo, estos recuerdos todavía estaban frescos en su memoria. No se habían atenuado con el trauma del nacimiento, el crecimiento y el paso del tiempo. Para esta nueva entidad, era como si el bombardeo de Hiroshima acabara de suceder en vez de haber tenido lugar casi cuarenta años atrás. El recuerdo fluyó en su mente con una emoción tan vívida, que Katie se sintió abrumada.

Dudé en explicarle lo que me había contado mientras estaba en trance. No creía que en ese momento necesitara más complicaciones en su vida, pero consideré que si ella no tenía que saberlo, su subconsciente habría retenido esa información.

Cuando Katie se enfrentó a la idea de ser un recién llegado se sobresaltó, por decirlo de una manera suave. Dijo que no podía creerlo, no se sentía distinta y sabía que era la misma persona. Admitió que sus padres habían comentado que parecía diferente, que más o menos en el último año había cambiado, pero ese cambio podía deberse al proceso de maduración natural. Su mente consciente se rebeló contra aquella idea y tuvo los mismos problemas que yo para asimilar algo de semejante magnitud. Como la historia de su singular nacimiento era conocida y había sido contada numerosas veces en su familia, la noticia de ser un recién llegado era lo último que esperaba descubrir en las regresiones. Le expliqué que, si no quería aceptar aquella idea, no tenía por qué hacerlo; podía considerarla como un hecho curioso e interesante. No le costó adoptar esta actitud porque no creía que aquello fuera verdad y, como era sonámbula, no recordaba lo que decía mientras estaba en trance.

Quizás este fenómeno inesperado explicara también la notoria habilidad sonámbula de Katie. Quizá tuviera menos corazas protectoras por haber llegado hacía poco tiempo y sin pasar por los procesos de nacimiento y crecimiento. Quizá fuera ésa la razón de que se nos permitiera un fácil acceso a su subconsciente. Aquella información levantó interesantes preguntas y pocas respuestas.

Sí, probablemente aquello explicaba la aparición repentina de aquellos recuerdos, pero en aquel momento, la causa era secundaria. Cuando el choque inicial de aquel descubrimiento inesperado empezó a apaciguarse, me dije que, por el momento, tenía que dejarlo a un lado. Debía concentrarme en el problema de Katie, en la verdadera razón de que quisiera experimentar la regresión: en descubrir si realmente se había visto afectada por la explosión atómica de Hiroshima en otra vida. Ésta era la pregunta que la había inquietado y que rondaba, sin que nadie la hubiera invitado, por su subconsciente. Tenía que encontrar la manera de obtener acceso a las respuestas para que su mente se calmara y el pasado pudiera descansar en paz, pero, ¿cómo conseguirlo?

En el fondo, yo sabía que si lo hiciera sólo por mi curiosidad como escritora e investigadora, podía sacar a la luz ese recuerdo en cualquier momento; si es que, en verdad, existía. Todo lo que tenía que hacer era pronunciar la palabra clave y trasladar a Katie a aquella época. Había establecido una relación con ella y era posible que su subconsciente colaborara conmigo. Sí, yo obtendría mi historia, pero perdería algo mucho más importante: la confianza de Katie. Si abusaba de su confianza, ella probablemente abandonaría las sesiones y no querría volver a trabajar conmigo.

Ignorar sus más profundos sentimientos y obtener información en contra de su voluntad sería como una violación de la mente. Tenía que obtener esa información paso a paso y no obligar a Katie a vivir una situación traumática hasta que no estuviera preparada para ello; si es que alguna vez lo estaba.

Y o sentía, sin duda, una gran curiosidad, pero aquélla fue una de tantas veces en que la paciencia ha demostrado ser lo más importante y, al final, se ve recompensada. En aquellos momentos, yo no podía saber que nos estaban poniendo a prueba. Si hubiera actuado guiada por el egoísmo, ni una pequeña parte del valioso material que me fue revelado más tarde, me habría sido transmitida. Fue como si la información sobre Jesús (que relato en mi libro *Jesús y los Esenios*), fuera una compensación, el premio a la paciencia y comprensión con que traté a esas otras muchas entidades.

# 5 - El recuerdo sale a la luz

Un día, antes de iniciar la sesión, sugerí a Katie que tanteáramos los años cuarenta para ver qué encontrábamos. Sabíamos que, a finales de la década de 1870, había muerto en Colorado bajo la personalidad de Sharon y que, en 1960, había nacido en el cuerpo de Katie. Eso dejaba un salto de casi cien años y había la posibilidad de que encontráramos otra vida en ese lapso de tiempo. Sería interesante averiguar si la vida del japonés estaba ahí. Hasta ese momento, nunca había encaminado a Katie hasta una fecha concreta. Había dejado que su subconsciente llevara la batuta para que sintiera que era ella quien controlaba la situación. Le dije que escogería un año que no fuera cercano a los años de la guerra para ver qué descubría. Ella se sintió segura y aceptó.

Una vez hubo entrado en el acostumbrado trance profundo después de oír la palabra clave, le dije que se trasladara a un día feliz del año 1935. Me pareció un año neutro, antes de que hubiera empezado la Segunda Guerra Mundial. Si en aquella época no estaba viva, me lo diría. Podía ser que estuviera en el lugar de reposo de los espíritus o en uno de los centros de aprendizaje del plano astral. (En mi libro *Conversations with a Spirit,* exploro esos estados del ser.) Yo no podía influir en eso.

La guié hasta el pasado y le pregunté qué estaba haciendo. De repente, se transformó en un hombre, de bien entrados los cincuenta años, que hacía vasijas de arcilla junto a un horno en la parte de atrás de su casa. Vivía en una pequeña granja a unos 30 kilómetros al sur de Hiroshima, *en Nippon* (nombre con que los japoneses denominan a Japón).

No puedo decir que me sorprendiera encontrarlo. El recuerdo había sido tan intenso y emotivo para Katie que tenía que proceder de una vida anterior. Me alegré de haber confirmado este punto.

Brad Steiger, célebre autor experto en reencarnaciones es de la opinión que no debe llevarse a cabo investigación alguna mientras se está trabajando con un sujeto, para evitar la remota posibilidad de que la información se transmita por vía extrasensorial. Por esta razón no hice averiguaciones sobre esa vida hasta transcurridos uno meses después de finalizado el contacto.

Yo pensaba que tendría que confiar en mi viejo recurso: los libros. Hasta ese momento, no me habían fallado. Documentarse, a través de los libros es provechoso pero lento. Siempre resulta útil encontrar a alguien que esté familiarizado con el tema que se está investigando. En una facultad cercana, había estudiantes extranjeros, pero pensé que, probablemente, sabrían tanto de las condiciones de vida en Japón, durante la guerra, como cualquier otro estudiante de mi país. Sin embargo, gracias a un estupendo golpe de suerte, conocí a una mujer que había pasado cinco años en Japón y que había llevado a cabo un estudio de su historia y costumbres. Tengo, con ella, una gran deuda por la ayuda que me prestó. Tanto sus conocimientos como mis averiguaciones aparecen intercalados en los lugares adecuados del relato. Para mí era difícil transcribir fonéticamente el nombre del hombre japonés porque no estaba acostumbrada a los sonidos de su lengua, pero ella escuchó las cintas de las regresiones y me dijo que el nombre era Nogorigatu.

El lector encontrará, a veces, erratas que podrían interpretarse como errores gramaticales y que Katie, normalmente, no cometería. Estas se deben al lenguaje que utilizó el japonés en su traducción mental.

Empecé a establecer su identidad. Le pregunté si su granja estaba muy lejos del mar a lo que me respondió: «En una isla, nunca se puede estar lejos del mar.» La granja consistía en tres campos situados en un valle. La población más cercana era un pueblecito de pescadores junto a la bahía, pero él no podía ver el mar porque su granja estaba entre montaña. Tenía dos hijos, uno de treinta y tres años y otro de veintinueve que vivían, no muy lejos, con sus familias. Ellos les ayudaban, a él y a su mujer, a cultivar el arroz que constituía su principal medio de subsistencia. Le pregunté si cultivaba el arroz para venderlo. La voz de Katie adquirió un extraño acento; hablaba de forma entrecortada, separando las palabras.

K:  No, es para nosotros, aunque, a veces, lo canjeamos por otros productos.
D:  *¿Qué coméis además de arroz?*
K:  Pescado del arroyo, brotes de soja y de v zen cuando, caña de bambú; y también castañas de agua y pimientos que cultivamos en nuestro huerto.
D:  *Entonces, no tenéis que comprar muchas cosas.*

K:  No, tenemos pocas necesidades.

D:  *¿Tenéis animales de granja o ganado?*

K:  Algunas cabras y gallinas.

D:  *Antes de sembrar el arroz, ¿aráis la tierra con animales?*

K:  Mi hijo tiene dos bueyes que utiliza para tirar del arado. Sí, los usamos para eso.

Yo quería conocer el proceso de cultivo del arroz. Había vivido dos años en Filipinas y siempre quise saber por qué inundaban los campos con agua. Por otro lado, estaba convencida de que Katie no sabía más que yo sobre aquella cuestión.

K:  Impide que broten otras plantas. El arroz crece bien con mucha agua, pero las malas hierbas, no.

Parecía una razón lógica.

D:  *¿Cómo es la cosecha?*

K:  Primero, desaguamos los campos. Toda la familia ayuda. Después vamos a la plantación, cosechamos el arroz y lo entramos para que se seque.

D:  *¿Es difícil desaguar los campos?*

K:  Tenemos compuertas.

Le pedí una descripción de la casa.

K:  Es bastante grande, una de las más grandes de la zona. Tiene siete habitaciones. Está orientada al sur, con tejados de varias vertientes de color gris. Hay varios dormitorios, uno para mi esposa y para mí y los de mis hijos..., los que eran de mis hijos. También está la habitación del brasero y otra que es más bien un porche. Las puertas son correderas y puede ser una habitación abierta o cerrada. También está la habitación de la parte de atrás que utilizamos como almacén. En ella guardo *mis* vasijas y otras cosas...;es donde almacenamos el arroz y demás comida.

Le pregunté sobre el mobiliario y organización de las comidas.

K: Tenemos una mesa baja y cada uno se sienta en uno de los lados. También tenemos unos cojines sobre los que nos arrodillamos o nos sentamos de piernas cruzadas; a gusto de cada uno. A veces, traemos a la mesa la fuente de fondo curvo y otras, nos servimos la comida en los platos y, después, nos sentamos; depende de lo formal o informal que sea la ocasión.

D: *¿ Cómo calentáis Lacasa cuando hace frío?*

K: Tenemos pequeños... hornillos, estufas pequeñas de carbón.

D: *¿Ponéis una en cada habitación?*

K: Sí, en las habitaciones que usamos en cada momento. Normalmente nos basta con eso.

D: *¿Y cuando queréis tomar un baño?*

K: Calentamos agua y llenamos un barreño.

D: *¿Os consideráis ricos o pobres?*

K: Estamos satisfechos.

En mis averiguaciones, descubrí que la mayoría de granjas japonesas no tienen más que unas cuantas hectáreas. Hay muy poco terreno cultivable y el que hay se utiliza y aprovecha al máximo. En aquella época, había pocos animales de granja; la mayor parte de las labores del campo se realizaban a mano. Por consiguiente, Nogorigatu parecía estar más bien situado que el granjero medio. Esto se apreciaba, también, en la descripción de su casa, que era muy grande y tenía un tejado de varias vertientes, mientras que la mayoría de granjero construían sus casas con tejados planos de hierba. Es interesante que estuviera orientada al sur, y descubrí que los japoneses nunca orientan sus casas al norte porque sería como invitar al «demonio». La habitación del brasero resultó ser la cocina, y el brasero estaba allí permanentemente, en un agujero cavado en el suelo. Las estufas pequeñas se llenaban con carbón del brasero y se llevaban a las otras habitaciones. La habitación con puertas correderas se utilizaba para ventilar. En verano, favorecía la circulación del aire y, en invierno, servía de aislante. Según me han dicho, la descripción de la casa se ajusta totalmente a la realidad de aquel momento.

Le pedí que me contara cómo iba vestido. Me dijo que llevaba puesto un *gi* {transcripción fonética), que consistía en una camisola que se ceñía al cuerpo con un cinturón y pantalones hasta por encima del tobillo. Vestía de esta forma para trabajar y con un kimono cuando tel lía que ir bien vestido. Me enteré de que el *gi* es el mismo tipo de traje que utilizan en Estados Unido quienes aprenden y practican karate. Esta ropa es muy común en Japón y .lautilizan los hombres en sus tareas diarias. El l imono es más formal.

Como estaba haciendo vasijas de arcilla, quise saber más acerca de esta labor artesanal. Y o no sabía nada de esos temas y me concentré en preguntar cosas que *yo* desconocía. En s esiones posteriores, lo encontré muchas veces trabajando en lo que él llamaba, cariñosamente, sus cacharros. La primera vez que hablamos estaba haciendo un jarrón.

K: Es circular, cocida y decorada con ceniza roja que cae en chorretones.

D: *¿Por qué haces vasijas?*

K: Para venderlas en la ciudad. He llegado a vender en Tokio, pero lo habitual es que las venda en Hiroshima. Normalmente, en el mercado. Tenemos un puesto fijo.

Me dijo que Hiroshima estaba a unos 30 kilómetros de distancia y que olían ir sólo una vez al mes en una carreta tirada por los bueyes.

D: *¿Os quedáis en la ciudad hasta haberlo vendido todo?*

K: No siempre. A veces, sólo nos quedamos un día; otras, dos. Depende de cómo va todo. Normalmente, me alojo en casa de mi primo. Él vive allí. Suelo ir yo solo, y mis hijos se quedan a trabajar en la granja.

D: *Puesto que no vendéis el arroz, ¿vuestra única fuente de ingresos es tu alfarería?*

K: Sí.

D: *¿Eres un buen alfarero?*

K: A mi estilo. Muchos dicen que lo soy. Es mi vida.

D: *¿La gente paga mucho por tus vasijas?*

K: Lo suficiente para que me sienta satisfecho.

D: *Quiero decir que si son caras.*

K: La belleza suele serlo.

Intentaba que mediera una cifra en yens algo que yo estaba segura que Katie desconocía por completo, pero después averigüé que es típicamente japonés hablar con tantas evasivas.

D: *¿Haces alguna otra cosa además de vasijas?*

K: A veces hago cuencos. Los *Kuu-wan-yen.*

Al principio creí que había dicho *Kwannon*, el nombre de la diosa de la misericordia, por esto le hice la siguiente pregunta.

D: *¿Haces también pequeños Budas o imágenes de otros dioses y diosas?*
K: No, no siento esa necesidad. Otras personas lo hacen... es su trabajo. No debo interferir en el trabajo de otros cuando a mí me gusta hacer otras piezas. Sólo fabrico lo que considero hermoso.

Si la palabra que había pronunciado antes hubiera sido *Kwannon*, su respuesta habría sido contradictoria. Cuando mostré la transcripción a la mujer que me ayudaba con la información sobre Japón, me comunicó que la palabra no era *Kwannon*, sino *Kuu-wan-yen*. Se trata de un cuenco que se coloca en el altar familiar y que contiene las ofrendas, en dinero o comida, a los dioses. Me indicó que era totalmente factible que aquel hombre fabricara esos cuencos.

D: *¿Qué tipo de figuras moldeas?*
K: Figuras de barro. Animales y de vez en cuando flores. Cosas de la naturaleza, como montañas.
D: *¿Y se venden bien?*
K: En general, sí. Depende del ánimo de la gente; de lo que anden buscando. En realidad, las figuras las hago para mí, por su belleza. Me gustan.
D: *¿Te lleva mucho tiempo hacer las vasijas?*
K: No es un trabajo rápido. Hay que dar cada paso en su justa medida. Si se hace con prisas, se acaba con pedazos rotos.
D: *¿Dónde consigues los colores de los tintes?*
K: De las plantas o del barro del arroyo. A vece los compro, pero lo más habitual es que yo mismo los fabrique. Utilizo cosas de la naturaleza. Las seco y las trituro. Se trituran y después se mezclan con agua o con otras sustancias.

Esto era nuevo para mí, no sabía que se podían obtener tintes de las plantas.

D: *¿Cómo se llaman las plantas que dan los mejores colores?*
K: Cojo las que encuentro. Son de distintos tipos. No sé su nombre.
D: *Pero hay que saber mucho para decidir cuáles hay que coger. ¿Qué colores consigues?*
K: El verde, el rojo intenso y también el azul.

D: *Y, ¿qué colores te ves obligado a comprar?*

K: Sobre todo el azul oscuro.

D: *¿Decoras las vasijas con dibujos?*

K: Echo los colores o los tonos neutros dentro de la vasija y la hago girar. Tal como queda la pintura, ése es el diseño.

D: *Entonces, no dibujas tus diseños... Y, ¿en tu país, tenéis rey o...?*

K: [Me interrumpió.] Tenemos un Emperador. [Le pregunté su nombre y hubo una larga pausa.] El Emperador es el Sol. No recuerdo su nombre. No presto atención a la política· es variable. La política hace que te preocupes y yo vivo mi vida en paz.

Los japoneses creen que el Emperador es el dios Sol reencarnado.

D: *¿Tienes noticias de lo que sucede en el mundo?*

K: No, yo dejo al mundo en paz y el mundo hace lo mismo conmigo.

Por lo visto los recuerdos revividos por Katie eran correctos. Habíamos comprobado que, en aquella época, era un japonés y que vivía cerca de uno de los desafortunados lugares que habían sido bombardeados durante la guerra. Pero, ¿30 kilómetros era tan cerca como para sufrir los efectos de la bomba atómica? En esa época, yo sabía muy poco sobre las bombas atómicas.

Una vez acabada la sesión, pregunté a Katie cómo se sentía al saber que, efectivamente, habíamos localizado a un hombre viviendo en aquella época en Japón. ¿Estaba sor- prendida o, en cierto modo, ya lo esperaba?

«¿Que cuáles son mis sentimientos? Contradictorios, por decirlo de una manera suave -rió-. Aunque antes pensara, "Bueno, puede ser." en el fondo no quería admitir que fuera posible. A pesar de la impresión que el programa de televisión me había causado siempre podía decir: "¡Vaya, menuda imaginación tienes!" Me resulta muy extraño saber que ha quedado más o menos confirmado.»

«Quizá moriste en la granja debido a las radiaciones; aunque no sé si eso es posible a una distancia de 30 kilómetros», agregué.

«No, estaba en Hiroshima. ¡Lo sé!», respondió con de- cisión.

Yo quería saber más cosas sobre aquel hombre. Si mu- rió por los efectos de la bomba en Hiroshima, ¿por qué razón se encontraba allí en el momento de la explosión?

Un recuerdo, sin explicación lógica, había estado inquietando a Katie desde unos seis meses anee de conocernos y empezar las sesiones. Ella sabía que había vivido en el cuerpo de un anciano y que estaba en Hiroshima cuando explotó la bomba. Sabía que aquel hombre no había muerto de inmediato, sino que agonizó durante nueve días. Su recuerdo más vivo, y el que más la había atormentado, era oír la agonía de los demás. Esto había despertado en ella sentimientos de frustración y rabia. No podía entender que alguien pudiera hacer algo así, que alguien fuera capaz de causar tanto dolor y sufrimiento a los demás. La evocación de aquellos lamentos había provocado su propio llanto y le había causado una depresión que había durado varios días. De vez en cuando, el recuerdo volvía a surgir, lo cual había sido la causa de que buscara una explicación. Ésta había sido la razón primordial de que empezara a experimentar con la regresión a vidas pasadas. ¿Encontraríamos una respuesta? Su mente consciente asociaba a aquel incidente un trastorno emocional tan intenso que no tenía ningún deseo de repetirlo. ¿Vencería su curiosidad? Ninguna de la dos sabía qué podía pasar, pero estábamos seguras de que queríamos seguir adelante.

Cuando mi colaboradora estudió la transcripción dijo que la información obtenida era muy exacta. Aunque algunas de las descripciones de Katie eran muy escuetas, no encontró en ellas ningún error. Estaban llenas de pequeños detalles que no podían obtenerse investigando, sino que sólo podía conocer alguien que hubiera vivido en Japón. A través del trabajo que Katie y yo realizamos en aquella vida pasada descubrimos a una persona muy real, con todo el entramado de emociones que nos convierten en seres humanos. No se trataba de una personalidad imaginaria de cartón. Nogorigatu se convirtió para mí en algo tan verdadero, que más adelante sentí que me perseguía y me aguijoneaba para que contara su historia. Llegué a conocerle muy bien, me gustaba y se convirtió en mi amigo. A menudo me pregunto qué pensaba de mí. ¿Era sólo una voz queda y suave que hacía preguntas en el interior de su mente? Siento que compartí una experiencia vital con él y, si mi presencia, allí, le ayudó de alguna manera a aceptar y superar aquel terrible sufrimiento, me siento agradecida de haber tenido esa oportunidad.

# 6 - La infancia japonesa

Aunque nunca consiguiéramos explorar la muerte de Nogorigatu, se trataba de una oportunidad única de obtener información sobre Japón. Nunca antes me había encontrado con una regresión a aquel país, de modo que mi curiosidad insaciable tomó las riendas. Siempre quiero averiguar todo lo posible sobre las épocas o culturas con las que me cruzo; formulo numerosas preguntas e intento cubrir todos los aspectos que vienen a mi mente. Después, cuando me pongo a investigar, esto me supone mucho trabajo, pero a la larga vale la pena. Mi curiosidad también sirve de prueba, porque cuando se hacen preguntas sobre algo totalmente nuevo, aumenta la posibilidad de error en las respuestas.

Una manera segura de explorar esta vida sin que Katie experimentara trastornos, era trasladarnos a la infancia de Nogorigatu. De este modo, Katie se iría sintiendo cómoda con la personalidad. No debíamos precipitar el relato. Yo sabía que fluiría con más facilidad si actuábamos con paciencia.

D: *¿Fuiste al colegio?*

K: Sí, empecé cuando tenía siete años y el último fue cuando tenía..., creo que doce o trece. Fui a la escuela entre tres y cinco años, no me acuerdo porque hace mucho tiempo. La mayor parte de nuestra formación es práctica; trabajamos de aprendices y así aprendemos un oficio. Normalmente, nos lo enseña nuestro padre, un abuelo o incluso un primo, si éste no tiene hijos. También se puede enviar fuera a un hijo, si éste lo desea, para que aprenda un oficio diferente.

D: *Entonces, ¿estar de aprendiz significa aprender de otra persona?*

K: Sí, de alguien que es un maestro en cierto oficio y te lo enseña.

D: *Es bueno transmitir tus conocimientos.*

K: De este modo, algo de ti continúa, incluso cuando te has ido.

D:  ¿Se tarda mllcho en aprender?

K:  Depende de la rapidez de cada uno y también del oficio que se estudie. Ciertas cosas requieren muchos más conocimientos que otras. Por ejemplo, para ser granjero no hace falta estudiar tanto como para ser artista o pintor.

D:  *Entonces, aprender el oficio de alfarero requiere tiempo, ¿no es así?*

K:  Sí, yo he tardado varios años. Primero aprendes los fundamentos y cómo dar forma a los objetos. Después aprendes las bases del vidriado y cómo aplicarlo. Aprendes, también, a hornear los objetos y a determinar el tiempo exacto que han de permanecer en el horno, porque una vez se han sacado y se han enfriado, no hay nada que hacer, no pueden volver a hornearse.

Sentía curiosidad por saber cómo era un colegio japonés de entonces, así que lo trasladé a la época escolar, cuando tenía casi once años. Le pedí una descripción de lo que veía.

K:  Hay mesas bajas en las cuales todos nos sentamos en una. Tenemos un tintero y pinceles. [Su voz era mucho más joven.]

D:  *¿Os sentáis todos a la misma mesa?*

K:  No, cada uno tiene una mesa. A veces somos dieciséis y otras, sólo ocho o nueve, depende de si nos necesitan en casa. Cada uno aprende a su nivel. No nos enseñan lo mismo. Unos estamos estudiando caligrafía y lectura, otros, matemáticas. Tenemos unos cuantos libros, pero gran parte de las enseñanzas se siguen con ... rollos. Papel enrollado y atado.

D:  *¿Usáis los rollos para leer o para aprender a escribir?*

K:  Para ambas cosas, pero también tenemos hojas de papel para practicar la escritura con los pinceles.

D:  *¿Es difícil aprender a escribir?*

K:  [Entre risas.] No es nada fácil. Trazas una línea aquí en vez de allá o un punto en lugar equivocado ... Mis pinceladas no son muy buenas, hago manchones y entonces significan algo distinto. [Rió de nuevo.] Algunos utilizan todos los años de colegio, exclusivamente, para aprender a escribir. Si no, sólo hacen garabatos.

D:  *He oído decir que hay muchos signos.*

K:  Hay unos ... tres o cuatro mil, creo. No estoy seguro.

De hecho, hay unos veinte mil caracteres, pero para un niño, cuatro mil ya debía parecer una cantidad enorme.

D: *¿Tenéis más de un profesor?*
K: Sólo uno. Es un hombre,
D: *¿Te cae bien?*
K: Es muy estricto. Es difícil que te guste o te disguste. No es fácil formarse una opinión sobre su persona. Es ... [suspiró], no sé, muy riguroso.
D: *En otras palabras, es estrictamente un profesor. No se te ocurriría pensar en él de otra manera.*
K: Sí, no podrías relacionarte con él como amigo y, por lo tanto, es difícil de juzgar.
D: *¿La escuela está muy lejos de donde vives?*
K: No, está en el pueblo, a dos kilómetros más o menos. Algo así.
D: *¿Algún otro miembro de tu familia va contigo a la escuela?*
K: Sí, mi hermano. Todos los niños en edad de aprender van a la escuela, hasta que los necesitan en sus casas. Normalmente, se empieza a los seis o siete años y, el que tiene suerte, puede ir hasta los catorce, aunque lo más habitual es ir sólo hasta los doce o trece; según el tiempo que puedan prescindir de ti en casa. Cuanto mayor te haces, más te necesitan en la familia. Suponen que ya has aprendido mucho en el colegio y que puedes aprender otras cosas, como el oficio de tu padre o realizar otras tareas. Todo el mundo aprende.
D: *¿Las niñas también van a la escuela?*
K: A la mía, no.

Aunque intuía una respuesta negativa, quise cerciorarme.

D: *¿Hay alguna razón para que las niñas no vayan?*
K: No lo sé... sólo sé que no hay niñas en mi escuela.
D: *Si una niña quisiera ir, ¿se lo permitirían?*
K: Probablemente no. Creo que, en general, les enseñan sus madres. Y o no tengo hermanas, sólo tres hermanos, de modo que no lo sé.
D: *¿Te gusta ir a la escuela?*
K: Mmm... es interesante. Aprendemos muchas cosas nuevas, y estamos con otros niños, pero no es mi ocupación favorita. Estamos muchas horas.

D: *¿Cuántas horas vas al día?*

K: Mmm ... , entre cinco y siete. No estoy muy seguro. A veces cambia incluso de un día a otro, depende del tiempo que nos tome aprender lo que toque aquel día. Yo preferiría subir a las colinas y dibujar y observar a los animales. Eso me gusta.

Mi colaboradora me indicó que, obviamente, la familia de Nogorigatu estaba bien situada. Los niños de clase baja de aquellos tiempos (a finales del siglo pasado) no iban a la escuela, a no ser que fuera de monjes; ni se les permitía cambiar de estrato social. El hecho de tener una mesa por alumno indicaba que se trataba de una escuela privada; por lo tanto, su familia debía pagar una matrícula y, seguramente, tenían una renta superior a la media. Los alumnos de aquel tiempo utilizaban pinceles y tinta para escribir y la mayor parte de los libros eran de papel enrollado. Las hojas de papel debían ser de baja calidad. Los niños no asistían a clases un número fijo de horas cada día, como ocurre en nuestro país, sino que se quedaban hasta terminar la lección, independientemente del tiempo que necesitaran para ello. En aquella época, no se permitía que las niñas asistieran al colegio.

D: *¿ Ya eres un aprendiz?*

K: Estoy empezando el aprendizaje con mi padre, aunque él dice que, con lo torpe que soy, no sabe si llegaré a aprender algo. [Me reí.] Pero ya sé moldear alguna forma, utilizar el torno y manejar distintos tipos de arcilla. También sé hacer distintos modelos de vasija para usos distintos, y me parece muy interesante.

D: *¿Crees que te gustará el oficio de alfarero?*

K: Mmm..., probablemente. Me gusta hacer cosas con las manos.

D: *Me dijiste que también aprendías matemáticas.*

K: Un poco. Tenemos que aprender contabilidad, porque, ¿sabes?, algunos tendremos que manejar presupuestos y nos enseñan a cuadrar una cosa con otra, a sumar y a restar. A veces, usamos papel, y otras, el ábaco. Siempre es distinto, depende de lo que vayamos a hacer.

D: *¿Qué otras cosas aprendes en la escuela?*

K: ¿Qué quieres que te cuente? Estudiamos cosas de *Nippon* y de nuestra historia. También nos enseñan los ..., creo que los llamáis mitos de nuestros orígenes. Distintas historias. [Me pareció interesante y le pedí que me explicara algo más.]

Bueno, nos cuentan leyendas de cómo se formó Japón, de cómo unas perlas fueron arrojadas al mar y de ellas brotaron las islas. Había un... mmm, un dios y una diosa a quienes les gustó tanto esta zona que decidieron crear aquí un paraíso, y así lo hicieron. Ésta es una de las leyendas.

D: *¿Hay otras?*

K: [Entre risas.] Hay *muchas* leyendas. Tantas como monjes debe haber en Japón. Sí, es muy divertido. [Le animé a que me contara más porque nunca antes había oído relatar esas historias.] Hay muchas que tratan sobre... cómo un..., no recuerdo el año..., pero Japón fue amenazada por un huracán y la emperatriz rezó a *Kwannon* (la diosa de la misericordia) quien salvó a Japón de la destrucción. Hay multitud de historias.

D: *¿Estas leyendas f arman parte de la historia que tenéis que aprender?*

K: Sí, historia, cuentos y leyendas.

En otra ocasión que encontramos a Nogorigatu de niño, estaba escondido en el bosque observando cómo jugaban los zorros. Nos explicó que, a veces, su padre les concedía, a él y a sus hermanos, un día libre para que hicieran lo que quisieran y que a él le encantaba ir al bosque. Ese amor por la naturaleza le acompañó durante toda su vida.

# 7 - La boda japonesa

Ni Katie ni yo teníamos conocimientos sobre las costumbres japonesas y pensé que sería interesante explorar esa vía. Si Katie podía describir con exactitud una cultura que desconocía, demostraría, por un lado, que la vida que relataba existió de verdad y, por otro, que la explicación más probable era la reencarnación. Esa vía era también una manera segura de obtener información sin acercarnos al controvertido período bélico. Consideré que el día de la boda de Nogorigatu sería muy adecuado porque las bodas están llenas de costumbres locales.

Nunca explicaba a Katie, por adelantado, las preguntas que iba a formularle y, en ocasiones, ni yo misma las conocía porque nunca sabía con qué nos íbamos a encontrar.

D:   *¿Hace mucho que estás casado?*
K:   Desde que tengo catorce años. Crecimos juntos.
D:   *¿Conocías a tu esposa desde mucho antes de casaros?*
K:   No nos habíamos visto antes. Mis padres la conocieron y creyeron que sería una buena esposa.
D:   *[Aquello me pareció extraño.] ¿Qué opinas de esta manera de actuar?*
K:   Me parece correcta.
D:   *¿Os casasteis en una iglesia?*
K:   No, fue una ceremonia al aire libre. Los sacerdotes iban de rojo.

Trasladé a Katie hasta el día de la boda y pedí a Nogorigatu que me contara lo que sucedía. Debía ser a finales del siglo pasado.

K:   Me estoy poniendo el kimono ceremonial. Mi padre y mis hermanos me ayudan. [Respiró hondo.] ¡Tengo miedo! Resulta muy confuso pensar que... voy a traer a casa a alguien nuevo, a alguien que..., a quien no conozco. Sé que es una buena persona porque mis padres la han escogido para mí, pero es alguien... nuevo.

La voz sonaba más joven, tenía un algo infantil, casi inocente.

D:   ¿ *Vive cerca de vuestra casa?*
K:   Sí, una vez y media la distancia al pueblo .., a mitad de camino entre los dos pueblos.
D:   *¿La habías visto alguna otra vez?*
K:   Sólo una. Nos vimos en la ceremonia del compromiso. Me pareció bien, ¿qué puedo decir?
D:   *[Me reí.}¿ Te permitieron hablar con ella?*
K:   Sí, pero me daba mucha vergüenza y seguro que ella sentía lo mismo. No dijo una palabra.
D:   *¿Qué habría pasado si no te hubiera gustado?*
K:   Creo que mi padre, probablemente ... No lo sé. Podría haber ofrecido que anuláramos el compromiso, pero, conociendo a mi padre..., lo más probable es que no lo hiciera.

Por lo visto, a los jóvenes de aquella época ni siquiera se les ocurría ir en contra de los deseos de sus padres.

D:   *¿Ahora cuántos años tienes?*
K:   Catorce.
D:   *¿Y ella?*
K:   Unos doce y medio, creo, quizá trece.
D:   *¿Dónde viviréis?*
K:   Con mis padres.
D:   *¿Qué tipo de trabajo realizas?*
K:   Soy aprendiz de mi padre. Es alfarero.
D:   *¿Lo consideras un trabajo difícil?*
K:   ¿Qué es el trabajo cuando disfrutas haciéndolo? No es trabajo.
D:   *¿Es eso lo que quieres hacer en tu vida?*
K:   Es una vida agradable. Mi padre dice que prometo, que tengo buena vista y mano firme.
D:   *¿Tu padre se gana bien la vida con este oficio?*
K:   Bastante bien. También tiene tierras y varias ..., ¿cómo las llamáis?, rentas de los campesinos que las cultivan.

Cuando lo conocí, de adulto, me dijo que le gustaba moldear pequeñas figuras y venderlas con las vasijas; aunque las hacía por placer, más que para sacarles un beneficio. Me pregunté si ya las hacía de niño, durante su aprendizaje.

D:    *¿Moldeas figuras?*

K:    *¿Zicutis?* [Transcripción fonética.] Algunas veces. Pero mi padre no lo sabe. Las escondo. No son lo que él consideraría una manera útil de pasar el tiempo. Son sólo juguetes, casi todo animalitos, como las ranas y, a veces, flores.

D:    *No veo que haya nada malo en ello. Creo que si te gusta, deberías hacerlo.*

K:    Pero no sirven para nada. No son útiles.

D:    *¿Todo tiene que ser útil?*

K:    En opinión de mi padre, sí.

Me había dicho que se estaba vistiendo para la boda, de modo que quise saber si tenía que ponerse una ropa especial.

K:    Un kimono completo, con el *obi*. Está hecho de seda y es muy elegante. El kimono es de tonos azules y tiene un pequeño ciruelo de adorno, y el *obi* es negro, con dibujos de pájaros volando.

El *obi* es una faja larga y ancha que se enrolla y se sujeta a la cintura por encima del kimono. Una de las pocas cosas que conozco de la cultura japonesa es que el modo en que se ata el *obi* tiene un significado. Con sólo ver la manera como alguien lleva colocado el *obi,* se puede decir *si* esa persona es soltera, casada y muchas otras cosas.

D:    *¿El obi se ata de una manera especial para la boda?*

K:    Sí. Hay que hacer un nudo doble muy difícil. [Le costaba encontrar las palabras correctas.] No deben verse los extremos. Se anuda a la espalda. A mí me lo atan mis hermanos mayores. Y o no podría inclinarme hacia atrás y anudarlo solo.

D:    *[Me reí.} ¿Llevas algo en la cabeza?*

K:    Durante un rato llevaré el birrete nupcial de seda negra, pero sólo de camino hacia allí. Una vez en el recinto, tendré que quitármelo.

D:    *¿Cómo son tus zapatos?*

K:    Son sandalias [le costó encontrar esta palabra], con tiras de seda que pasan entre los dedos; y una plataforma ... ¿de? ... *geta,* en las suelas.

61

Se trata de un tipo de sandalias que se llevan en el exterior, con plataformas de madera llamadas *geta* para evitar mancharse los pies de barro. Las sandalias bajas, se llevan, sobre todo, en espacios cubiertos.

D:  *¿También son especiales para la ocasión?*
K:  Sólo porque tienen la seda y por el color. Hacen conjunto con el kimono.
D:  *A mí me resultaría difícil andar con ellas.*
K:  Lo es, pero se aprende con la práctica.
D:  *¿Dónde se celebrará la boda?*
K:  Iremos en procesión hasta el templo.
D:  *¿La muchacha ya estará allí?*
K:  Sí, nos encontraremos en la capilla.

Lo trasladé hasta el momento de la ceremonia y me interesé por lo que estaba sucediendo.

K:  El sacerdote habla de nuestras familias y nuestros ilustres antepasados y dice que nos sonríen desde arriba. Ahora nos bendice a ambos para que seamos felices y fértiles y disfrutemos de muchos años de dicha juntos. A continuación nos unirá con el hilo de seda. [Le pedí que fuera más explícito.] Con un extremo del hilo rodeará mi muñeca y con el otro, la de ella; después anudará ambos extremos, que quedarán enlazados, y luego lo corcará. Esto simboliza que nuestras almas e han unido y que una parte de mí estará siempre con ella, y que una parte de ella estará siempre conmigo. [Le pregunté por la ropa del sacerdote.] Es de un tejido de seda muy tieso, y no es... exactamente un kimono. Es..., no sé cómo explicarlo..., más voluminoso. De un tono casi naranja, entre amarillo y naranja.
D:  *¿Se visten de manera distinta cuando ofician una boda?*
K:  Sí, tienen distintos trajes para distintas ceremonias.
D:  *¿Qué hace el sacerdote después de cortar el hilo de seda?*
K:  Nos rocía con el humo del incienso y... ¿a ver?..., nos salpica con agua y nos da la bendición. Y ahora nos vamos en procesión.
D:  *¿Se trata de una ceremonia larga?*

K:  No siempre, depende del tiempo que el sacerdote dedique a hablar de nuestros antepasados y de la boda de que se trate.
D:  *¿Estáis dentro del templo?*

K:    No, estamos debajo de la arcada. Es un ... pórtico donde hay los nombres de los antepasados de los habitantes del pueblo. Creo que se dice grabado. Los nombres están grabados y el pórtico está bendecido. Forma parte del templo pero no está dentro mismo de la capilla; está en el exterior.

Me sorprendió que estuvieran en el exterior, pero descubrí que podían casarse donde quisieran, siempre que el oficiante estuviera presente. El pórtico era, probablemente, el *torii* o soportal cuadrado que hay a la entrada de los templos sintoístas. Es muy posible que los nombres de los antepasados estuvieran grabados en aquel lugar. Le pregunté cómo iba vestida la novia.

K:    Lleva un kimono de seda del color de la flor del cerezo y el cabello recogido en nudos ceremoniales y... lleva varias cosas en el pelo, pájaros y otros símbolos relacionados con la bendición de la pareja para la fertilidad... y otras cosas. En los pendientes también lleva signos que significan buena suerte.

D:    *¿De qué color es su obi?*

K:    Rosa.

D:    *Rosa sobre un kimono color flor de cerezo. Y ¿su* obi *está atado de algún modo especial?*

K:    Sí. Sus extremos cuelgan. Es difícil de describir... Es un nudo muy intrincado y va anudado a la espalda.

D:    *¿Lleva la cara tapada?*

K:    Le han puesto el maquillaje blanco...,se llama *pan*. Aparte de esto sólo lleva marcado el contorno de los ojos y los labios.

*Pan* es la palabra con la que los japoneses designan la harina hecha de arroz molido. Me preguntaba si el maquillaje estaba hecho de esa harina o si, sencillamente, para él tenía aspecto de harina. Siempre había querido saberlo. He visto películas en que los bailarines y actores llevan el rígido maquillaje blanco.

K:    Es una de las tradiciones que nos han llegado de nuestros antepasados. Una dama debe tener la piel blanca. ¿Quién sabe por qué?

D:    *¿Quieres decir que tiene su origen en alguna leyenda?*

K:    Sí.

D:    *¿Este maquillaje blanco te resulta extraño?*

K:    Creo que es muy bonito.

Sentí curiosidad por saber si la novia llevaba algún tipo de sombrero o algo que le cubriera la cara.

K:   No. En estos momentos, no.

¿Querría decir su respuesta que llevaba uno antes de la ceremonia y se lo había quitado como hizo él con su birrete de seda?

D:   *¿Crees que se siente feliz con esta boda?*
K:   Nunca se sabe con una mujer.
D:   *[Me reí.]¿ Todavía estás asustado?*
K:   Ya no tanto ... [Intentó parecer más mayor, aunque por su voz, supe que se trataba tan sólo de una simulación.] Forma parte de hacerse un hombre. Creo que nos irá bien.
D:   *¿Hay mucha gente?*
K:    Sí, toda mi familia y la suya. Todos quieren presenciar la boda.
D:   *¿Tus padres han de pagar al sacerdote para que oficie la ceremonia?*
K:·  Sí.
D:   *¿Es cara?*
K:   No lo sé, mi padre se encarga del dinero. Depende de lo que la familia pueda dar.
D:   *Bien, y una vez ha salido la procesión, ¿tiene lugar alguna otra celebración o acto?*
K:   Sí. Cuando volvemos a casa se celebra el ritual del *sake* y entonces ella se convierte en una auténtica esposa japonesa.

El *sake* es un licor japonés de alta graduación que se obtiene del arroz. Le pedí que se trasladara hasta el ritual y que me lo describiera.

K:   Primero vierto en una taza un chorrito de *sake*. Bebo un poco y se lo paso a ella. Ella también bebe. Se sirve otra taza y repetimos el proceso. Con la tercera, ella se convierte en mi esposa. Para entonces, el *sake* ... ¿Qué más da?

Katie sonrió abiertamente, era evidente que después de tres rondas ya debían sentir los efectos de la bebida.

D: *[Me reí.] ¿Ha venido todo el mundo a vuestra casa?*

K: Sí, todos nos sentimos felices y lo celebramos. Hay música, la gente canta y algunos bailan. Hay cuatro músicos: uno toca el arpa, mi primo el *koto,* otro el tambor y también hay una especie de flauta ¿Cómo la llamáis? [Intentaba encontrar la palabra correcta.] Es un instrumento de viento, largo y se tuerce. Es muy raro, se llama... No es un fagot pero se le parece. [Le pregunté si se soplaba como en una flauta.] No, tiene una boquilla recta, de caña.

Tras investigar los tipos de instrumentos, comprobé que su descripción era correcta. El *koto* es parecido a una guitarra, como un laúd de trece cuerdas. Los cambare también se utilizaban, lo mismo que la *biwa,* que es parecida a un arpa, como una lira de cuatro cuerdas. La flauta podía ser una *shakuhachi,* pero ésta es una flauta totalmente recta. No pude encontrar nada que encajara en la descripción de Nogorigatu, pero como dijo que era un instrumento muy raro, quizá se tratara de algo poco habitual.

D: *¿Hay comida y bebida?*

K: Sí, montones de *sake* y comida. Cosas que hemos ido guardando para la ocasión. Hay pasteles de miel pasteles de arroz y otros manjares por el estilo. Fuentes con arroz y bocadillos. ¡Las bodas son divertidas!

Mi fuente de información me dijo que las «cosas que hemos ido guardando» eran platos que se preparaban con antelación y se guardaban para la boda. Al principio, cuando nombró lo bocadillos, pensé que se había equivocado, porque, a veces, tenemos la impresión de que éstos son estrictamente occidentales. Pero los japoneses también comen bocadillos, aunque son mucho más pequeños y se preparan de distinta manera. Podríamos traducirlo como emparedados.

D: *¿Cuánto tiempo dura la fiesta?*

K: Normalmente hasta bien entrada la noche. Entonces debemos simular que nos escapamos y nos dejamos coger para que nos escolten hasta el dormitorio. A continuación todo el mundo se va.

D: *¿Sólo dura un día?*

K: En general, sí. No somos tan ricos como para permitirnos una boda más larga. Algunas duran hasta una semana, pero, entonces, no se trabaja mucho.

D:   *Supongo que al cabo de una semana, todo el mundo estará muy contento.*

K:   Sí, pero al día siguiente, cuando dejan de beber *sake,* se sienten muy desgraciados.

D:   *¿Habías bebido mucho* sake *anteriormente?*

K:   No, no mucho. En alguna celebración, pero no es una bebida para niños.

D:   *Imagino que cuando os dejen en el dormitorio y se vayan ya notarás los efectos del* sake, *¿no es cierto?*

K:   [Katie sonreía.] Todo da vueltas muy deprisa.

D:   *[Me eché a reír.] ¿Estáis en vuestro dormitorio o en una habitación especial?*

K:   Es una zona nueva de la casa. Han remodelado una parte del área de los adultos para construir nuestros aposentos. Mi antigua habitación estaba en la zona de los solteros.

D:   *¿Ahora cuántos viviréis en la casa!'*

K:   Mis padres, mi abuelo, mis tres hermanos, sus dos esposas y sus hijos.

D:   *¿No seréis muchos para una sola casa?*

K:   Sí, pero es lo bastante grande. Cabemos todos.

D:   *Parece que ha sido un día muy feliz con grandes acontecimientos.*

K:   Sí, yo diría que sí.

Cuando desperté a Katie, después de la boda, pasó algo muy curioso. Se mostraba confusa, se sujetó la cabeza con las manos y dijo que estaba mareada. Según sus propias palabras, «sentía como si la hubieran atropellado». Podía tratarse de la confusión que, con frecuencia, se experimenta al despertar y volver a orientarse, muy parecida a la sensación de despertar de un sueño profundo. Sin embargo yo le dije, jovialmente: «Bueno, de hecho, estuviste bebiendo mucho *sake.*»

Se echó a reír y respondió con énfasis: «¡Eso es! ¡Eso es! Me siento como si tuviera una resaca.»

A pesar de mis sugestiones de bienestar, había traído al presente una resaca de cien años de antigüedad. Como ocurre a veces, también el cuerpo había recordado las experiencias pasadas. Las sensaciones físicas desaparecieron al cabo de cinco minutos y nos reímos un buen rato. Después le conté las experiencias de Nogorigatu durante la boda.

Mi informadora me dijo que el relato de la boda era muy fiel a la realidad. Los *obis,* efectivamente, se anudaban de aquella manera y el color de los trajes también era el adecuado. Yo pensaba que la novia iría de blanco porque he visto imágenes de novias japonesas modernas vestidas con kimonos blancos, pero, por lo visto, se trata de una influencia occidental. El kimono color flor de cerezo sería totalmente correcto en una boda de finales del siglo pasado. Lo único que no he podido comprobar es el hilo de seda que se ata a las muñecas de los contrayentes. No he hallado mención alguna de esta costumbre, pero mi informadora me dijo que no le parecía extraño y que podía tratarse de una práctica local sin aplicación fuera del área donde vivía Nogorigatu. También podía ser una vieja costumbre caída en desuso. El ritual de los tres sorbos de *sake* todavía se practica hoy en día y se considera la culminación oficial de la boda. Cuando ha terminado el rito tradicional de beber el *sake,* se considera que la pareja ya está casada. También es costumbre actual el simulacro de huida y que se escolte a la pareja hasta sus aposentos. Es interesante saber que las palabras japonesas que aparecieron también eran correctas.

Todo este episodio es tan exacto, que es imposible pensar que la información provenga de otro medio que no sea haber revivido un recuerdo real. Katie nunca ha viajado fuera de Estados Unidos ni tiene interés en leer cosas de este estilo. Tampoco pudo haberlas aprendido de los limitados conocimientos de ciencias sociales que se imparten en los colegios hoy en día. Yo he vivido en Filipinas y tengo algunos amigos japoneses, pero no sabía nada de estas costumbres. Por eso le pregunté sobre esos temas, para poder demostrar la vivencia de algo que ambas desconocíamos. Me sentí muy emocionada cuando pude verificar toda la información. Creo que la posibilidad de que todo esto pueda ser producto de la casualidad o la imaginación es realmente vaga.

# 8 - Fiestas y celebraciones

Me había propuesto no leer nada sobre Japón porque quería obtener la información de primera mano, a través de Katie. Aunque la curiosidad me estaba matando, creí que sería mejor esperar hasta haber terminado de trabajar con aquella vida para no influir en Katie ni siquiera por transmisión extrasensorial. No podía dejar escapar la oportunidad de escuchar lo que podía contarme sobre los japoneses y sus costumbres. Mis preguntas estarían relacionadas con cuestiones que no pudiéramos saber sin haber investigado antes. Cosas como fiestas y celebraciones, de las que ninguna de nosotras tenía información. Nunca le comuniqué por adelantado el tema de mis preguntas. La trasladé a la década de 1930 y empecé mi interrogatorio.

D:  *¿Donde tú vives, se celebra algún tipo de fiesta o conmemoración?*

K:  Conmemoramos las festividades de los dioses. Y los sintoístas celebran el nacimiento de los antepasados. Y, desde luego, todos festejamos el cumpleaños del Emperador.

D:  *¿Te gustan las fiestas?*

K:  Para mí todas son iguales. ¿Por qué tiene que haber un día especial? Todos los días son especiales y deberíamos tratarlos como tales, no festejar sólo uno o dos días al año.

D:  *Pero, en esos días, ¿hacéis cosas diferentes?*

K:  Algunas veces nos arreglamos y mis hijos, yo y nuestras respectivas familias vamos al templo juntos para asistir a las ceremonias, que son interesantes.

D:  *¿Cuál es tu fiesta favorita?*

K:  Mi celebración favorita no es una fiesta, sino la ceremonia del té, que es bastante especial. [Le pedí que me la describiera.] Es algo que tiene lugar en el seno de la familia, en la sala del té. La tetera se llena de agua caliente. También hay cuencos. Con gran ceremonia se echa el té en el cuenco y se remueve con la escobilla. A continuación, el cuenco se pasa y se ofrece el primer té a la persona más anciana. Y se bebe con gran ceremonia. Se repite el proceso tres veces; hasta que todo el mundo haya tomado. Se trata de una ceremonia de purificación y gran regocijo.

D: *¿Con qué frecuencia la realizáis?*

K: Unas dos veces al mes o más. Depende de si estamos todos juntos, tenemos tiempo y deseamos compartir este ritual.

D: *Entonces se trata de un tiempo para compartir... ¿Tomáis también algo de comer o sólo el té?*

K: Sólo el té. Se puede comer algo más tarde, pero durante la ceremonia, sólo té.

D: *¿Dónde está la sala del té?*

K: Es un edificio especial en la parte trasera de la casa.

D: *¿Se trata de un edificio muy grande?*

K: No, es bastante pequeño.

D: *¿Os vestís de alguna manera especial para la ceremonia?*

K: Nos ponemos uno de los kimonos ceremoniales.

Aunque simplificada, he podido comprobar que la descripción de la ceremonia del té es totalmente exacta.

D: *Así que ésta es tu favorita. Y para las otras celebraciones, ¿tenéis que ir a Hiroshima?*

K: En algunas ocasiones vamos al templo que hay en el pueblo. También tenemos el santuario de las montañas adonde vamos de peregrinación. Es muy hermoso.

D: *¿Para qué celebraciones vais al templo?*

K: En general, para las celebraciones en memoria de nuestros antepasados, vamos al santuario de la montaña, pero no vamos muy a menudo. Se trata, sobre todo, de fiestas religiosas y, por el momento, no tengo mucha necesidad de sacerdotes. Creo que hay un Ser superior, pero cada uno es responsable de su propio camino.

D: *¿Eras religioso, de joven?*

K: Me educaron en la doctrina sintoísta.

D: *Y, ¿por qué cambiaste de opinión?*

K: Fue cuando comprendí que nuestros antepasados, que vivieron mucho tiempo atrás, no tienen por qué influir en nuestras acciones de hoy en día. Más tarde me convertí al budismo, pero no me gusta el sistema kármico del destino. [Le pedí que se explicara con más precisión.] No me gusta la doctrina según la cual el destino del hombre está determinado por el karma que ha acumulado anteriormente... Según esta doctrina el hombre tiene muy poca libertad de decisión, y yo creo que los seres humanos tenemos libertad para decidir lo que queremos hacer.

D:  *¿Esto es lo que predica esta religión?¿ Que el ser humano no tiene libertad de decisión?*

K:  Es lo que los sacerdotes quieren que creamos.

D:  *Por lo que veo tienes tu propia opinión y quieres pensar por ti mismo.*

K:  Como todo el mundo, ¿no? ¿Por qué habríamos de permitir que otros tomen decisiones que determinen o cambien nuestras vidas por completo? ¿Por qué habríamos de consentir que influyan en nuestras vidas? Nos corresponde a nosotros tomar esas decisiones.

D:  *Sin embargo, hay mucha gente que permite que otros decidan lo que deben pensar y hacer.*

K:  Ésas son personas de voluntad débil y escasa determinación ... Mis padres son sintoístas; en otras palabras, siguen la religión de nuestros antepasados, aunque, en gran medida, también siguen las enseñanzas de Buda. Ambas religiones sirven de consuelo a la gente que cree en ellas, llenan un vacío que mucha gente tiene en su interior y, en este sentido, son buenas.

D:  *¿Es correcto creer en ambas religiones?*

Esta idea me resulta extraña porque en mi país lo habitual es que la gente pertenezca a una sola religión.

K:  No hay nada realmente contradictorio entre estas dos creencias. Muchos de sus preceptos son iguales.

D:  *Y ahora, ¿eres sintoísta?*

K:  Quizá me siento más budista porque creo que nuestras acciones determinan, en gran medida, nuestro propio destino y las dificultades con las que nos vamos encontrando. Creo que hay una fuerza en el universo, pero el hombre no ha llegado a comprenderla, no ha alcanzado el nivel de iluminación que le permita siquiera dar un nombre a esa fuente de poder.

Yo había oído hablar de la religión budista, pero no de la sintoísta. Desde entonces, he averiguado que el budismo cree en la reencarnación y el karma, mientras que el sintoísmo consiste en honrar a los antepasados y vivir de modo que se sientan orgullosos de nosotros. Desde luego, ésta es una definición simplificada de dos religiones complejas. Durante el período que estamos tratando, el sintoísmo era la religión oficial de Japón y, con la Segunda Guerra Mundial, adquirió matices patrióticos como la adoración del Emperador. También era habitual creer en las dos religiones porque respondían a necesidades distintas: patriotismo y moralidad personal.

D: *¿Cuándo eras pequeño te enseñaban religión?*
K: Los sacerdotes tenían alas donde hablaban y enseñaban a los niños y, a veces, hacían de maestros en las escuelas. También, mientras cumplíamos con las prácticas religiosas, aprendíamos de nuestros padres y los sacerdotes.
D: *¿Tenéis días fijos para asistir al templo?*

Yo estaba pensando en nuestra práctica de dedicar los domingos al culto religioso.

K: Hay ciertos..., como, por ejemplo, para los budistas hay determinadas fiestas del año que hay que celebrar, días de festivales, y para los sintoístas también hay días de fiesta y celebraciones, pero también conmemoramos el aniversario del nacimiento y la muerte de nuestros tatara-tatara-tatarabuelos, con lo que se convierte en una práctica personal de conmemoraciones personales.
D: *En la religión cristiana, el domingo es el día semanal dedicado a las prácticas religiosas. ¿Tenéis también un día establecido para ir al templo con regularidad?*
K: ¿Has dicho el domingo? Mmm..., para nosotros no es el domingo, es el sábado. Algunos sábados vamos al templo, pero no de forma regular. En ese día, nadie trabaja los campos y tampoco se hace gran cosa. Por otro lado, el sacerdote siempre está en el templo conmemorando la... vida. Él realiza sus prácticas religiosas cada día, como los católicos, que celebran una... misa cada día. Igual.
D: *Ya veo. Entonces, ¿el sábado es vuestro día de descanso?*
K: Normalmente sí, al menos en mi casa y en mi pueblo, es así.

Una vez más, su información resultó verídica. En Japón, el sábado es el día dedicado al descanso. Casi todas las tiendas cierran el sábado y no el domingo, pero ellos no van a los templos o santuarios de modo regular como asistimos nosotros a la iglesia.

D: *Por Lo que veo, hay cierta similitud con Occidente. Y, ¿de pequeños os enseñan las dos religiones?*

71

K: Sí, crecemos con ellas. La mayoría de familias sintoístas tienen en sus casas una capilla familiar y desde pequeños nos enseñan a seguir las prácticas religiosas.

D: *Entonces, ¿no es necesario asistir a un santuario mayor?*

K: No siempre, no. Casi todas las familias sintoístas tienen en su casa un altar en el que rezan. [Podríamos compararlo a las capillas particulares que tienen algunos católicos en sus casas. Le pedí una descripción.] Hay un altar plano y un cuenco para el incienso. También están los documentos relativos a los antepasados y los de las familias con las que emparentaron y cosas parecidas. También está toda la historia de la familia.

¿Acaso no se parecía a la gente que, en nuestra cultura, guarda toda la información sobre su árbol genealógico? Le pregunté si se realizaba algún tipo de ritual.

K: Sí, se enciende el incienso, se reza y se habla a los difuntos. También se rememora lo que hicieron en vida y otras cosas por el estilo.

D: *¿Realizáis esta ceremonia muy a menudo?*

K: Bueno..., en general, con tanta frecuencia como nos acordamos. Quizás otras familias sean más religiosas que la mía, pero la mayoría lo hacen así.

D: *Entonces, ¿ en tu país es habitual seguir ambas creencias, la budista y la sintoísta?*

K: Sí, desde la llegada del budismo, porque éste añade muchas enseñanzas a las que ofrece el sintoísmo. Incluso he oído que algunos, además de seguir la vieja religión, son cristianos, aunque estas dos creencias no encajan tan fácilmente.

A este sistema se le denomina sincretismo, y consiste en conciliar distintas creencias a fin de poder practicar más de una religión.

D: *Considero que no está mal. Hay menos conflicto si se puede combinar un poco de cada una de ellas.*

Cuando empecé a hacer averiguaciones sobre el modo de vida de los japoneses, me sorprendió descubrir que mucha gente es, al mismo tiempo, budista y sintoísta, en distintas proporciones. Normalmente, depende de la zona o distrito donde viven y, si alguien no cree o no quiere practicar una religión, no se le recrimina. La religión no es una exigencia, como ocurre en algunos países cristianos. Los japoneses son muy permisivos con las creencias o el escepticismo de la gente. Sin embargo, en tiempos pasados, fueron más duros con el cristianismo, porque, más que como una religión, lo veían como una manera que tenían los occidentales de explotar a supaís.

# 9 - El mercado de Hiroshima

Un día, cuando trasladé a Katie al año 1920, encontramos a Nogorigatu vendiendo sus vasijas en el mercado de Hiroshima. Le pedí que me describiera aquel lugar.

K:  Está al aire libre. Los vendedores han montado sus puestos y exhiben los productos que quieren vender, como sedas, comida y otras muchas cosas. Y los vendedores gritan. Hay mucho ruido y colorido.

D:  *Parece un lugar alegre.*

K:  Sí, es muy agradable. El sol brilla. Hoy es un día muy bonito. Hay mucha gente con quien charlar y viejos amigos con quienes volver a encontrarse. Está muy bien.

D:  *¿Qué tipos de vasijas vendes?*

K:  Muchos. Vasijas hechas de arcilla y de distintas formas. Tengo vasijas muy pequeñas y también grandes, y algunas jarras de distintos tipos. De todo, desde artículos de uso diario a objetos de adorno muy lujosos decorados con dibujos de flores, animales y cosas por el estilo.

Era la primera vez que hablaba de dibujos. Cuando lo conocí, en la década de 1930, sólo decoraba con manchas de colores.

D:  *¿Cuánto pides por cada vasija?*

K:  Todas tienen distinto valor. Muchas veces, en lugar de cambiarlas por dinero las intercambio por otras cosas. Depende del artículo que el cliente quiera o de lo que pueda pagar. No hay un precio fijo para todo el mundo. El regateo es uno de los atractivos del mercado.

D:  *Bien, pero si alguien quisiera pagar con dinero, ¿cuánto le costaría una vasija?*

K:  Oh..., las más pequeñas un yen o quizá menos. Las grandes ..., mmm, depende de varias cosas, de cómo me sienta yo en ese momento, ¿quién sabe?

D: *¿Cuál es la cantidad mayor que has recibido por una de tus vasijas?*

K: Mmm..., unos 40 o 50 yens.

D: *¿Éste sería un buen precio?*

K: Para una vasija, no estaría mal, no.

D: *Y si quisieran cambiarlas por algo, ¿qué sería?*

K: La gente, para los trueques, utiliza arroz, pescado o cosas así. También ropa o cuadros. En alguna ocasión, si un artista ha necesitado objetos que yo tengo, me los ha cambiado por cuadros suyos. Si me gustan, me los quedo, y si no, los cambio por otras cosas o los vendo.

Sentía curiosidad por saber si podía describirme Hiroshima, una ciudad que ni Katie ni yo conocíamos y que, sin duda alguna, había cambiado tras su destrucción en la Segunda Guerra Mundial.

D: *¿Hiroshima es una ciudad grande?*

K: Bastante grande. Hay muchas fábricas, mucha gente, y se está convirtiendo en un lugar ruidoso y superpoblado. La gente pesca, y hay muchas capillas, muchos lugares donde la gente va a rezar. También hay parques. No está mal para ser una ciudad. Está bastante limpia. Es, no sé..., un lugar animado y ruidoso y la gente está bastante contenta.

D: *¿Te gustaría vivir aquí?*

K: No, no me gusta estar encerrado. Me gusta el aire libre y poder dar paseos por las colinas y cosas así.

D: *Has dicho que hay muchas capillas. ¿De qué religión son?*

K: De varias. Hay capillas sintoístas, budistas y también muchas cristianas. [Pronunció esta palabra en un tono extraño, como una palabra extranjera.] Tienen iglesias y misiones por toda la ciudad. E incluso hay unas cuantas capillas hindúes.

D: *Por lo que dices hay muchas capillas en la ciudad. Y ¿dónde está situado el mercado?*

K: Está bastante al sur, no en el centro de la ciudad. Más que por el centro, está cerca de la entrada a la ciudad.

D: *Cuando hablas de la entrada a la ciudad, ¿qué quieres decir?*

K: Hay varias carreteras que llevan a la ciudad..., cuatro o cinco. No lo sé exactamente. Hay zonas de la ciudad en las que no he estado nunca. Se entra a la ciudad por esas carreteras, y ésta es la principal.

75

D: ¿Ésta lleva directamente al mercado?

K: Tiene varias bifurcaciones, pero básicamente, sí.

D: ¿Visitas otras zonas de la ciudad?

K: En general, no. Normalmente, sólo voy al mercado, consigo lo que necesito y, luego, vuelvo a casa. A veces, me quedo un par de días con mis parientes. Un primo mío vive aquí y está encantado de que me quede en su casa.

Según me han dicho, Hiroshima era muy grande y no debía haber sólo un mercado, sino muchos, por toda la ciudad. No es lógico pensar que la gente se desplazara de un extremo a otro de la ciudad para hacer sus compras. Debía haber muchos mercados menores repartidos por los barrios. El que Nogorigatu visitaba con frecuencia era, probablemente, un mercado al por mayor donde los comerciantes compraban productos para venderlos en los mercados de barrio.

D: *Creo que una vez me dijiste que sueles venir al mercado en carreta.*

K: No siempre. A veces, si no traigo nada para vender, vengo andando, otras ..., si encuentro a alguien que venga en camión u otro vehículo, intento que me lleven, pero si mi propósito es vender, suelo venir con la carreta y un buey.

D: *Pues, 30 kilómetros es una distancia muy larga para recorrerla andando.*

K: Sí, pero me gusta hacerlo, y es diferente. Además, andar es bueno, puedes contemplar el paisaje y disfrutar con el entorno. Aun así, yo no lo haría todos los días, ni siquiera muy a menudo.

D: *Dijiste algo sobre la pesca. ¿Hiroshima está cerca del agua? [Lo cierto es que yo no tenía ni idea de dónde estaba Hiroshima.]*

K: Sí, en una bahía. De hecho, está en un delta. Por ella, pasan muchos brazos de un río. En Hiroshima, es difícil alejarse del agua. Hay puentes, muchos puentes.

D: *¿Los brazos del río cruzan la ciudad?*

K: Casi todos pasan por la zona sur y allí están los muelles y la zona de pesca.

D: *También dijiste que hay muchas fábricas, ¿no es cierto?*

K: Sí, importan ciertos productos y trabajan materiales como el acero. Fabrican tejidos y cosas por el estilo.

D: *¿Es una ciudad muy industrializada?*

K: Sí.

D: *Pero tú prefieres vivir en el campo, ¿no es así?*

K: Desde luego, prefiero la paz y la tranquilidad.

Cuando se casó, Nogorigatu vivía con su familia en otra zona y quise saber cuándo y por qué se había trasladado a la granja al sur de Hiroshima.

D: *¿Siempre has vivido en tu granja?*

K: No, cuando era más joven vivía con mi familia a una distancia entre medio día y dos días. En la tierra de mis padres y de mis abuelos antes que ellos.

D: *Y, ¿por qué te fuiste?*

K: Fui creciendo y quise ver un poco más de mundo. Entonces encontré este lugar, me pareció muy hermoso y decidí comprar algo de terreno.

D: *A la larga, ¿no habrías heredado parte de las tierras de tu padre?*

K: Así fue. Pero vendí mi parte a mis hermanos y ellos se la repartieron. Con lo que obtuve, compré mi granja.

D: *¿A tus padres les pareció bien?*

K: Sí, pensaron que era razonable. Como yo no era el primogénito, no era importante que me quedara. Normalmente, el hijo mayor siempre sigue los pasos del padre y..., no sé, supongo que se ve más obligado a seguir la tradición.

D: *¿Los más jóvenes no tienen que mantener las viejas costumbres?*

K: No tanto. Cada vez son más los que dejan el domicilio familiar y se trasladan a las ciudades o a otros lugares. No se les exige lo mismo que antes, ni siquiera lo mismo que veinte años atrás.

D: *Así que vendiste tu parte a tus hermanos y compraste la granja donde vives ahora. ¿Era cara?*

K: No, no se puede decir que fuera cara. Sólo era un terreno de pocas hectáreas y no había construcción alguna. Además tiene demasiada pendiente para considerarla buena zona de cultivo. Aun así, tiene mucho bosque y puedo utilizar la madera para el horno y hay una zona muy bonita donde construí la casa.

D: *¿Cuánto pagaste por el terreno?*

K: A ver, déjame pensar..., fueron... [Hubo una pausa mientras hacía memoria y, después, risas.] Hace muchos años.

Alrededor de..., el valor de unos cuatro o cinco bueyes y unas cuantas cabras. No lo recuerdo con exactitud. Fue un trueque.

D: *¿No lo pagaste con dinero?*

K: No. Incluso en la actualidad, muchos asuntos se resuelven mediante trueque. Es mucho más sencillo. Así, si alguien tiene algo que necesitas o que quieres, en lugar de preocuparte por el dinero y cuánto puede costar, es más fácil intercambiarlo por otra cosa.

D: *Vaya, creí que utilizarías el dinero que te dieron tus hermanos por tu parcela para comprar el terreno donde vives actualmente.*

K: El caso es que... De hecho, no me pagaron con dinero, sino con cosas de valor equivalente. Mis hermanos no tenían dinero para pagar mi parte, costara lo que costase, así que la intercambiamos por cosas de su propiedad.

D: *Entiendo, todo se resuelve mediante intercambios. ¿Construiste la casa tú mismo?*

K: Contraté a unos hombres para que me ayudaran, pero el diseño es mío. Trabajamos juntos y la levantamos en unos dos meses.

D: *¿Dónde viviste mientras la construíais?*

K: Con gente del pueblo ... Me gustó trabajar en algo que ves cómo progresa.

D: *El otro día me dijiste que tienes dos hijos. ¿Viven contigo?*

K: Sí, me ayudan en mi trabajo, con la alfarería y las labores del campo. Casi todo lo que comemos lo cultivamos nosotros mismos y ellos me ayudan.

Le pregunté los nombres de su familia. Me dijo que su mujer se llamaba Demadosan; su hijo mayor, Karatisa (transcripción fonética), que significa «alegría de mi alegría»; y su hijo menor, Nae (transcripción fonética). Yo había oído que los nombres japoneses tenían un significado, de modo que le pregunté por el suyo. Me sorprendió que me diera un nombre distinto.

K: Entonces, ¿cuál quieres? ¿Mi nombre o el de mi familia?

Yo no sabía que tenían dos. Hubo una pausa como si pensara en sus nombres. En hipnosis regresiva, muchas veces el sujeto se detiene a traducir al inglés, como si el subconsciente pensara que es imprescindible.

D: *¿Dices que uno de ellos es el nombre de tu familia?*

K: Sí, el nombre de mi padre, Suragami. Lo que vosotros llamáis el apellido. Nogorigatu es lo que llamáis ... el nombre de pila.

D: *¿Conoces el significado de esos nombres?*

K: Antes lo sabía. Todos los nombres tienen un significado, aunque algunos se asignaron hace tanto tiempo que, a veces, se olvida.

D: *¿A ti, te llaman por tu apellido?*

K: Si alguien se dirige a mí, me llama señor Suragami, pero mis amigos me llaman Nogorigatu.

D: *Comprendo. Un desconocido utilizaría el apellido y un amigo el nombre de pila.*

Desde nuestro primer encuentro, me había dado su nombre de pila, de modo que debía considerarme su amiga.

# 10 - La guerra se acerca

Habíamos comprobado que los recuerdos revividos por Katie eran verídicos. No había duda de que, en otra vida, había sido un hombre japonés, aunque aún no habíamos determinado por qué estaba en Hiroshima en el momento de la explosión. Ella estaba segura de que él había muerto por el efecto directo de la bomba y no por la lluvia radiactiva que pudo haber caído en su granja, 30 kilómetros al sur. Periódicamente, viajaba a Hiroshima para vender sus vasijas en el mercado y supuse que, por decirlo de alguna manera, aquello «situaría a la víctima en la escena del crimen». Lo más probable es que estuviera en el lugar equivocado en el momento equivocado.

Para delimitar su existencia en Japón, yo había tenido cuidado en evitar los años de guerra, guiando a Katie, únicamente, hacia tiempos «seguros» como la infancia, la boda y la década de 1930 en la vida de Nogorigatu. Después de muchas sesiones, consideré que ya estábamos preparadas para dar el primer paso en el período bélico que empezó con el ataque sorpresa de los japoneses a Pearl Harbor, el 7 de diciembre de 1941. Aun así, la guié lejos del fatal año de 1945.

La trasladé a 1942. Me dijo que era primavera y que estaban en el campo mirando el molino de agua. En una sesión anterior, me había hablado de las compuertas para el agua. Al principio, pensé que se trataba de dos nombres distintos para el mismo mecanismo, pero luego descubrí que son dos cosas diferentes para controlar el paso del agua.

D:   *¿Para qué sirve el molino de agua?*
K:   Regula el paso del agua desde el arroyo a los campos de arroz. Ahora estamos inundando los campos. Hemos cavado canales y hacemos girar el molino para que entre más o menos agua. Cuando el agua ha cubierto todo el campo y nos llega un poco por encima del tobillo, es suficiente.
D:   *¿Añadís agua, conforme se evapora?*

K:   Sí, así sólo crece lo que nosotros queremos, porque en un campo inundado sólo crece la planta del arroz.

D:   *Cuando plantáis el arroz, ¿hay agua en el campo?*

K:   No, primero lo vaciamos, lo dejamos secar algún tiempo, hacemos los surcos y luego plantamos el arroz; dejamos que la planta crezca un poco y después inundamos el campo. Es para facilitar el cultivo, así no tenemos que arrancar malas hierbas.

D:   *¿Tenéis que realizar algún trabajo en el campo mientras crece el arroz?*

K:   Sí, tenemos que asegurarnos de que nada se coma las plantas. Animales o cosas así. Y comprobar que crezcan bien. Además, tenemos que fertilizarlas, porque el agua se lleva muchos nutrientes.

D:   *¿Qué utilizáis como fertilizante?*

K:   Normalmente, estiércol.

D:   *¿Qué hacéis cuando el arroz está listo para ser cosechado?*

K:   Desaguamos el campo, cosechamos el arroz, lo secamos, lo descascarillamos y lo almacenamos.

D:   *¿Es un trabajo duro, descascarillarlo?*

K:   Lo lanzamos al aire con las horcas y se separa.

Supuse que hablaba de la paja o la cáscara. Y o pensaba que, para hacer este trabajo, utilizarían algún tipo de máquina.

D:   *Parece un trabajo pesado.*

K:   Sí, pero es bueno.

Creo que sólo alguien que haya cultivado y cosechado arroz lo describiría de esta manera. Nogorigatu hablaba por experiencia. Me dijo que sus hijos le estaban ayudando a inundar los campos.

K:   Mi hijo número uno es... [Katie sonrió abiertamente), le llamo «mi dolor». [Sonreí.] Es el que siempre discute conmigo. Tiene una visión moderna de las cosas y quiere que lo hagamos todo a *su* manera porque es la mejor. Dice que el modo de hacer de antes es erróneo, que yo soy un anciano y que ya no sé lo que digo.

Por lo visto, los hijos siempre se han rebelado contra los deseos y costumbres de los padres sea cual sea el país o la época en que hayan vivido. Le pregunté cómo le hacían sentirse los comentarios de su hijo.

K: Yo me conozco a mí mismo y sé que es la manera de proceder de los jóvenes.

D: *¿Y qué ocurre con tu hijo menor? ¿También discute contigo?*

K: No, él es más tranquilo, es un observador. Se sienta, mira y escucha.

D: *O sea, que no tienes muchos problemas con él. ¿En qué sentido quiere cambiar las cosas tu hijo mayor?*

K: Piensa que vivir de la tierra es anticuado y quiere trasladarse a Hiroshima. Cree que ocuparnos únicamente de nuestras cosas e ignorar lo que ocurre a nuestro alrededor es un error.

D: *¿Y tú qué sientes al respecto?*

K: Si tiene que irse, se irá, pero yo me quedaré porque no me gusta la ciudad. Allí, la gente va demasiado aprisa y no se interesan por los demás.

D: *¿Todavía vas al mercado de Hiroshima?*

K: Cada vez menos.

D: *¿Y todavía haces vasijas?*

K: Sí, las vendo por aquí y por allá. Me las arreglo.

D: *¿Necesitas ese dinero?*

K: No, tengo bastante dinero. Estoy satisfecho con mi situación.

D: *Por lo tanto, ¿no tienes que ir a Hiroshima a menos que quieras?*

K: Cada vez me apetece menos. Y hay muchas otras cosas. Todo el mundo se mete en... lo que está pasando.

Yo me había propuesto evitar mencionar la guerra que había empezado aquel invierno. Quería que él me contara la historia desde su propio punto de vista.

D: *¿Qué quieres decir?*

K: [Suspiró.] No paran de decir que estamos predestinados a ser una gran nación y que debemos demostrarlo. Ha habido... muchos cambios últimamente en el gobierno. Hay dos facciones: una cree que deberíamos hacernos más y más fuertes; la otra opina, como yo, que, sencillamente, tendríamos que seguir como siempre, ocupándonos de nuestro asuntos y viviendo nuestra vida. Pero el otro bando se está haciendo más poderoso.

Les apoya gente influyente. Y, no sé, me parece una locura. Y o era feliz tal y como éramos.

D: *¿Has oído hablar alguna vez de Estados Unidos?*

K: Sí. Están muy lejos. Sé que no caen bien a muchos de los nuestros, pero están a mucha distancia.

D: *¿Crees que algún día podría surgir un problema entre los dos países?*

K: ¿Quién sabe? Los ánimos exaltados pueden enfriarse o exaltarse aún más. Nada se sabe con seguridad.

Era evidente que Nogorigatu no sabía que su país estaba en guerra. Con los medios de comunicación de masas que hay hoy en día, y el bombardeo de noticias a que nos someten, puede resultar difícil de creer; pero, si había estado aislado en su granja durante el invierno, y no había ido a Hiroshima o al pueblo más cercano en los últimos meses, entraba dentro de lo posible. En su estado habitual, Katie sabía cuándo había empezado la guerra, de modo que no había transmitido a aquel hombre una información que era rápidamente asequible a su mente consciente. Esto constituía una prueba de su completa identificación con la otra personalidad.

D: *¿Sabes lo que es una radio?*

K: Sí, hay una en el pueblo.

D: *Donde tú vives, ¿recibes noticias de lo que ocurre en el mundo?*

K: Algunas, pero no muchas. Además, procuro ignorarlas. Y o vivo mi vida. ¿Por qué habría de preocuparme por el mundo? Él no se preocupa por mí.

D: *[No pude evitar reírme.] Eso es cierto. De modo que sólo te dedicas a tu vida en la granja. ¿Cómo se siente tu mujer porque vuestro hijo número uno quiera trasladarse a la ciudad y cambiar las cosas?*

K: ¿Quién sabe? Habla muy poco, sólo escucha y sonríe mucho.

D: *Entonces, no expresa sus opiniones. ¿Tus hijos tienen familia propia?*

K: El mayor sí. El pequeño no tiene hijos.

D: *¿Qué opinan sus esposas sobre el traslado?*

K: La función de una mujer no es opinar y su lugar está junto a su esposo. Mis nueras son buenas esposas.

D: *Es como si las mujeres no tuvieran opinión. ¿Los hom-*

*bres toman todas las decisiones en la casa?*

K: Ser dominante es parte de la naturaleza del hombre.

D: *Tú no crees que haya razón alguna para dejar la granja, ¿no es cierto?*

K: En lo que a mí respecta, no. Mi hijo dice que es porque me estoy haciendo viejo y pierdo la cabeza. Con la edad, llega la sabiduría, no necesariamente la senilidad.

D: *¿Tu hijo es muy mayor?*

K: No, tiene treinta y nueve años.

D: *Pero cree que sabe más que tú. Si se trasladara a Hiroshima, ¿qué haría para ganarse la vida?*

K: Probablemente, trabajaría en una de las fábricas.

D: *¿Está preparado para ese tipo de trabajo?*

K: Sólo ha trabajado como aprendiz mío y en las labores del campo, pero muchas fábricas ofrecen un período de preparación. Esto es lo que cuenta mi hijo. Dice que necesitan trabajadores.

D: *¿Qué oficio aprendería?*

K: Principalmente, trabajaría ensamblando cosas. Pero no estoy seguro.

D: *¿Eso es lo que hacen en las fábricas?*

K: ¿Quién sabe? De ellas sale mucho humo negro.

D: *[Me reí.] ¿Has estado alguna vez en el interior de una fábrica?*

K: No, y tampoco tengo ganas de hacerlo.

D: *¿Y tu hijo ha estado? Parece saber de lo que habla.*

K: Él dice que no, pero, a veces, me pregunto si será verdad.

D: *Sería una vida muy distinta, ¿no es así?*

K: A mí, me parece una locura. Cuando un hombre se aleja de la tierra, se causa muchos problemas a sí mismo. Lo normal sería que deseara disfrutar de la libertad de estar al aire libre y ver el cielo sobre su cabeza mientras trabaja.

D: *Quizá le han prometido mucho dinero.*

K: ¿Y por eso habría de vender su alma?

Parecía la vieja y, todavía vigente, discusión entre padres e hijos en que éstos se rebelan contra el modelo prefijado de vida.

D: *De modo que éste es el tema de vuestras discusiones. Sin embargo, como tú mismo dijiste, acabará haciendo lo que quiera.*

K: Indudablemente.

*D: Y ¿qué ocurrirá con tus nietos?*

Siempre que oía mencionar a sus nietos, Katie sonreía. Era evidente que Nogorigatu sentía un gran cariño por ellos.

K:  Serán como animales enjaulados. Los niños deben crecer en libertad, no en pequeñas habitaciones como cajas. Necesitan sol y aire puro.
*D:  ¿Vana la escuela?*
K:  Sí, en el pueblo. Les enseñan a leer y escribir.
*D:  ¿Qué tipo de escuela es, religiosa o...?*
K:  [Me interrumpió.] No, es del Estado.

En aquella época, las escuelas dependían del Gobierno. Así, todos los niños podían aprender, y no sólo unos pocos privilegiados.

Nogorigatu y su familia ignoraban que su país estaba siendo empujado a una guerra contra un poderoso enemigo. Ellos vivían volcados en sus problemas personales y Nogorigatu guardaba celosamente su privacidad. Además, tampoco sabemos cuánta información permitía el gobierno que llegara al pueblo japonés.

En una sesión en que regresamos a la primavera de 1943, Nogorigatu estaba sentado entre los árboles de las montañas que había detrás de sus tierras. Cuando sentía necesidad de estar solo y meditar sobre su vida, a menudo se retiraba a este lugar y así lo había hecho desde que era un niño. En aquel entorno, él se sentía feliz con sólo contemplar, en silencio, a los pájaros y otros animales. Le pregunté qué ocurría en su país en ese momento.

K:  Hay mucha inquietud y problemas sociales. También hay ... grandes grupos... que se llevan a los hombres y les enseñan a manejar las armas y a luchar con ellas.
*D:  Y, ¿por qué hacen esto?*
K:  Dicen que vamos a ser uno de los grandes países de este planeta y que todo el mundo nos admirará y respetará si les demostramos nuestra fuerza. ¿Quién sabe? Yo no tengo ningún deseo de luchar. Y creo que deberíamos ocuparnos, sólo, de nuestros asuntos. Siempre nos hemos bastado a nosotros mismos, ¿por qué habríamos de preocuparnos de los demás, ahora? Ya nos va bien. Deberíamos cuidar de nosotros mismos, nuestra tierra y nuestras familias.
*D:  ¿Tus hijos están contigo?*
K:  No siempre. Mi hijo mayor está... a veces está aquí, pero,

85

otras, va a trabajar a la ciudad.

D: *¿En qué trabaja?*

K: En una de las fábricas. No nos cuenta lo que hace, aunque no sé si no puede o no quiere hablar de ello. Nunca comenta nada de su trabajo, pero está contento con el dinero que le pagan. Por lo visto, piensa que eso es importante. Yo nunca le pregunto sobre su ocupación, no es de mi incumbencia. Y o tengo mi tierra y mi trabajo.

D: *¿Nunca os ha explicado lo que hace en la fábrica?*

K: Y o no sé lo que hace, creo que una pieza de ... un *jeep* o algo así. No estoy seguro.

D: *¿Hace ml,l,choque trabaja allí?*

K: Seis o siete meses, quizás un poco más. No lo sé.

D: *¿Y su familia?*

K: En estos momentos, viven con nosotros, pero mi hijo quiere que se trasladen con él a la ciudad. Según dice, pronto pasará la mayor parte de su tiempo allí. [Suspiró.] Y o no estoy de acuerdo, pero es su vida y yo no puedo vivirla por él. Es su elección, y si yo expresara el deseo de que *se* quedara él haría exactamente lo contrario y se marcharía, sólo porque ése era mi deseo. E muy testarudo. El pájaro joven debe probar sus alas antes de construir el nido.

D: *¿Cuántos nietos tienes?*

K: Ahora tengo tres. Son muy importantes para mí. Les quiero mucho.

D: *¿Y tu hijo menor?*

K: No tiene hijos, todavía no. Se ocupa de la tierra. Actúa bien.

D: *Los nietos son corno un premio.*

K: Oh, algunas veces; otras son una preocupación. La época de crecimiento es muy importante; hay que enseñar a los hijos los valores morales y a desear aquello que es realmente importante en la vida.

D: *Sí, estoy de acuerdo. ¿Todavía moldeas 'vasijas?*

K: No muchas. Dedico mi tiempo al trabajo del campo y a reunir y guardar cosas.

D: *¿Para el invierno?*

K: Por lo que pueda pasar.

D: *¿Vas alguna vez a Hiroshima a vender las vasijas?*

Continuaba intentando establecer la razón de que estuviera allí en el momento del bombardeo.

K:   Algunas veces, pero no muy a menudo. Allí, la situación es muy tensa. La gente discute sobre los problemas actuales. Unos están de acuerdo con lo que ocurre y otros no. Por otro lado, la gente que está en el poder intenta que todos sigan su punto de vista. Yo no creo que valga la pena pensar en ello; demasiadas discusiones. Yo prefiero mi tranquilidad... Dicen que debemos progresar, que no podemos detener el reloj, pero yo no creo que pelearse sea una manera de avanzar, creo que es una manera de ir hacia atrás. Ésta es mi humilde opinión. Todo el mundo puede tener la suya ... Las guerras en que hemos participado han hecho de nosotros un país dividido y no hemos aprendido mucho de ellas ni del pasado. No prestamos suficiente atención a las consecuencias de los conflictos internos y la tensión con otros países.

D:   *¿Tu país ha participado en otras guerras?*

K:   A veces parece que siempre hayamos estado en guerra, entre nosotros o con los que están a nuestro alrededor... Gente que quiere nuestra tierra, nuestra isla. De vez en cuando, pienso que no existe la paz, que todo es una ilusión. Aunque siempre hay pequeñas parcelas de paz, como la que forman un hombre y su familia. Pero, los poderosos siempre han querido más poder, por eso siempre ha habido desasosiego y luchas. Si lees nuestra historia, comprobarás que es violenta.

D:   *¿Siempre ha habido otros países que han querido invadiros?*

K:   No se trata sólo de otros países, sino que los que tienen poder siempre quieren más. El ansia de poder engendra más ansia de poder. Cuanto más tienes, más quieres.

D:   *¿A ti también te ha ocurrido esto?*

K:   No lo he permitido. Yo cierro los ojos a cosas que quizá no debería, y puede que actúe mal, pero vivo mi vida como quiero. Los conflictos no me interesan y suelo mirar hacia otra parte. De todos modos, sé que ésta no es la mejor reacción, porque no importa cuánto quieras o desees que desaparezcan, los conflictos están siempre ahí dispuestos a atraparnos.

Sin mencionarlo directamente, Nogorigatu parecía inferir que su país estaba en guerra. Ignorando la realidad, intentaba ser un aislacionista. Si hacía ver que el problema no existía, quizá no llegaría a afectarle, y, como dijo una vez: «Yo dejo al mundo en paz y el mundo hace lo mismo conmigo.» Pero no tardaría en descubrir que el mundo *no* iba a dejarle en paz. Su mundo, el mundo que él conocía estaba a punto de hacerse pedazos sobre su cabeza.

# 11. La guerra alcanza al hombre pacífico

Durante la última sesión, Nogorigatu parecía ser consciente de que algo estaba cambiando en su país, aunque ese cambio todavía no le había afectado. Si la mente consciente de Katie hubiera influido en su relato, no habría sido tan impreciso. Tanto ella como yo conocíamos un poco la historia de aquellos años de guerra. Y, aunque quizá yo supiera algo más porque en aquella época ya había nacido, era evidente que tampoco obtenía información de mi subconsciente.

Yo tenía la impresión de que era sólo cuestión de tiempo que Nogorigatu dejara de ser un aislacionista pasivo, de modo que lo trasladé hasta un futuro cercano, más avanzado el año 1943. Lo encontré cavando detrás de su casa.

K:   Estamos protegiendo nuestras cosas. Muchos soldados y gente de otros lugares pasan por aquí y se llevan lo que quieren, por eso escondemos nuestras pertenencias.
D:   *¿Vuestros objetos de valor?*
K:   Sí, algunas joyas, algunas de mis vasijas y comida.
D:   *¿Por qué se llevan vuestras cosas?*
K:   Porque son soldados y tienen el mando. Cuando pasan por aquí, se llevan todas las provisiones que podrían necesitar y no nos dejan gran cosa.
D:   *¿Cómo os sentís ante este hecho?*
K:    Estamos muy enojados. Se han llevado nuestros bueyes y nuestras cabras, y han destrozado los campos. Consideraron que así se ahorraban camino y marcharon a campo traviesa mientras reían.
D:   *¿No pudiste hacer nada?*
K:   ¿Qué podía hacer? Yo soy un anciano y ellos eran muchos.
D:   *¿Tus hijos todavía están contigo?*

K: [Con tristeza.] No, se han ido... Se los han llevado.

D: *Cuéntame qué ha pasado.*

K: Los han reclutado... para el glorioso reino de Japón. [Casi escupió la última palabra.]

D: *¿Cuándo ocurrió?*

K: Hace un par de meses. Vinieron y se detuvieron con sus camiones. Y dijeron que ... los habían llamado a filas. [Evidentemente, estaba muy alterado.] Y ... los incorporaron al Ejército. Dijeron que iban a luchar por nuestro país y disparates como éste. No sabemos dónde han ido, quizás a algún lugar del Pacífico.

D: *¿Cómo se sintieron tus hijos?*

K: No querían dejar sus hogares y su familia, pero no les dieron opción.

D: *¿Habéis tenido noticias de ellos?*

K: No. No se les permite escribir ni realizar visitas.

D: *Cuando hablamos en otra ocasión, me dijiste que tu hijo mayor quería trasladarse a Hiroshima y trabajar en una fábrica. ¿Llegó a hacerlo?*

K: Durante un tiempo, pero descubrió que las cosas no eran tan fáciles como les decían y quería volver a casa.

D: *Entonces, tú tenías razón cuando no querías que se fuera.*

K: Sí..., pero ahora no importa. Vino a la granja a pasar una temporada y entonces se lo llevaron.

D: *¿Por qué hay soldados por esta zona? ¿Qué ocurre en tu país?*

K: Intentan contener a los que llaman «disidentes» para que no se rebelen contra lo que está sucediendo. Quieren demostrar a todo el mundo que somos muy poderosos y conseguirán convencer a la gente de que lo que dicen es cierto sin necesitar más que palabras.

D: *¿Te refieres a la gente que vive por aquí?*

K: Sí, pero no todo el mundo está de acuerdo con lo que sucede.

D: *¿Qué es lo que sucede?*

K: Estamos en guerra. [La voz de Katie indicaba que Nogorigatu sentía un gran pesar.]

D: *Y, ¿con quién estáis en guerra?*

K: Con Rusia y con... los Estados Unidos. Dicen que luchamos con..., que han establecido lo que llaman una... alianza [le costó encontrar la palabra], con Alemania. Luchamos junto a los alemanes. Aunque, no estoy seguro; la gente habla, pero yo no sé nada, no les escucho. [Suspiró.] Es muy deprimente.

90

D: *¿Por qué ha estallado la guerra? ¿Sabes lo que ha pasado?*

K: [Suspiró de nuevo.] Un general quería demostrar su superioridad a los norteamericanos y elaboró un plan. Entonces destruyeron una base norteamericana en el Pacífico. Ahora dice que gracias a esto ganaremos la guerra porque los norteamericanos ya no son buenos luchando y además son débiles, y que les demostraremos que nosotros somos fuertes. Se trata de una guerra de poder. Los consejeros del Emperador le han convencido de que es necesario que Japón sea una gran potencia y cada vez son más numerosos los que quieren tener más poder, de modo que luchan entre ellos para obtener ese poder que ansían.

D: *¿Qué pensaste cuando te enteraste de todo esto?*

K: [Suspiró.] Pienso en coda la muerte y la destrucción que habrá. o existe ninguna razón que justifique matar a otros para obtener las cosas que deseamos. ¿Qué podemos conseguir cuando matamos a otras personas en beneficio propio? ¿Qué ventaja o placer podemos extraer? Ninguna guerra es buena. Nunca hay un vencedor. [El tono de su voz era, una vez más, muy tri te.] Lloro por *Nippon,* porque ha caído y está perdiendo su majestuosidad.

D: *¿Sabes?, siempre pensé en* Nippon *como un país amable y pacífico. Me resulta extraño que pudiera hacer algo así.*

K: Sin embargo, la gente no es pacífica. Siempre hemos participado en guerras. La gente no es feliz si no está en el poder y así es cómo demuestran que tienen poder, dominando a *los* que son más débiles que ellos y a los que están en desacuerdo con ellos.

D: *Pero* Nippon *es un país pequeño en comparación con el resto del mundo, ¿de verdad creen que pueden vencer a los demás?*

K: Son arrogantes y creen que muchos caerán.

D: *¿Quién crees que tomó esas decisiones, el general o alguien por encima suyo?*

K: Bueno, había un grupo de... consejeros y decidieron que no les gustaba sentirse menospreciados por el resto del mundo. Decidieron que demostrarían al mundo que éramos superiores en asuntos de guerra, técnica y valor en general, supongo.

D: *Es una extraña manera de demostrarlo.*

K: Están decididos a no quedar en ridículo. Ahora que han

emprendido este camino, deben continuar. Ellos..., cuando aquí tenemos problemas, culpan a otros. De esta manera, se libran de ella, de la culpa, y la atribuyen a otras personas. Esto les permite decir: «Ahora podemos unir a la gente en esta gran causa y se olvidarán de sus problemas.» Pero esto no está bien.

Esta estrategia no les debía funcionar muy bien, puesto que tenían que apostar a los soldados entre su propia gente para acallar la rebelión. Aquella guerra no debió ser muy popular entre la gente del pueblo.

D:  *De modo que sienten que no pueden echarse atrás. Al principio ¿tenían un gran ejército?*

K:  No muy grande. Mmm, no sé la cifra. Pero, ahora, están reuniendo un..., no es un ejército, es una fuerza aérea. Por eso están reclutando [con sarcasmo]... *reclutando* gente. [Por lo visto no apreciaba mucho sus métodos.] Y los envían de *kamikazes* en misiones suicidas y les dicen que esto les glorifica. Creo que están algo locos; quizá más que locos.

D:  *Por tu manera de pronunciar la palabra «reclutando» se diría que no crees que los hombres quieran ir.*

K:  Es cierto. En muchos casos... se llevan a hombres jóvenes sin objetivos claro en la vida y les convencen de que ésta es una meta gloriosa. Los muchachos son tan jóvenes y tan necios que se lo creen. Esto no es una elección.

D:  *Has dicho misiones* kamikazes. *¿En qué consisten?*

K:  Son misiones en las que los que van nunca vuelven. «Viento divino». Les dicen que es la voluntad de Dios. Por eso las misiones se llaman «viento divino».

Nunca antes había oído esta definición, pero mi estudio de la historia de Japón reveló que, en 1281, el kan Kublai envió una inmensa flota contra esta nación, en represalia por haber decapitado a sus mensajeros. Una fuerte tormenta hundió aquellos barcos, y los japoneses llamaron *kamikaze* o «viento divino» al huracán que les salvó. Durante la guerra, pusieron el mismo nombre a los escuadrones aéreos suicidas. Aunque yo ya conocía aquella palabra, no sabía su significado.

D:  *Has dicho que nunca vuelven. ¿Sabes qué les ocurre en esas misiones?*

Me preguntaba si él sabía que se trataba de misiones suicidas en las que el piloto estrellaba, deliberadamente, su avión contra los barcos enemigos.

K:   Mueren.
D:   *Lo lógico sería pensar que ellos no desearan morir.*
K:   Quién sabe con qué ideas han llenado sus mentes. Con qué esperanzas de entrar en el paraíso. Pero, ¿cómo se puede prometer algo que se desconoce?

Estas creencias todavía están vigentes en algunas regiones del mundo actual. Algunas facciones musulmanas combativas enseñan a sus terroristas que si mueren por *la causa*, irán directamente al Paraíso.

D:   *¿Estas ideas forman parte de la religión de tu país?*
K:   Hasta cierto punto, pero ellos han tergiversado las doctrinas religiosas a fin de que incluyan su manera de hacer las cosas.
D:   *En otras palabras, han modificado las creencias religiosas y han conseguido que los jóvenes crean en sus teorías.*
K:   Sí, y también los padres de esos jóvenes. He visto a madres por las calles con los cinturones para sus hijos, pidiendo pregarias. Son ancianas que creen que esto les reportará algún consuelo. Piensan que una parte de ellas se va con sus hijos y que así se sentirán mejor.

Averigüé que, en efecto, existe lo que se denomina cinturón de las pregarias o cinturón de las mil puntadas. Algunas personas piden a los transeúntes que cosan puntadas en un cinturón. Cada puntada representa una pregaria, y cuando se consiguen mil puntadas, el cinturón, que es de tela blanca y se coloca alrededor de la frente, se envía a alguien que está en combate. Existe la creencia de que el cinturón proporciona protección frente a las balas enemigas. Esto puede verse en algunas películas.

D:   *De modo que los soldados vinieron en camiones y se llevaron a tus dos hijos. ¿Quién ha quedado contigo en la granja?*
K:   Sólo mi esposa y yo.
D:   *¿Qué ha pasado con tus nietos?*
K:   Están con sus madres en la ciudad, porque mis hijos

pensaron que allí estarían más seguros. Las hacen trabajar (a las mujeres) en las fábricas. Y así, ellas pueden conseguir comida y sobrevivir.

D: *¿No habrían tenido alimentos si se hubieran quedado contigo?*

K: Sí, pero no las dejan. Necesitan gente para trabajar en las fábricas y, como se han llevado a todos los hombres, sólo quedan las mujeres. Y, ¿quién se preocupa por un anciano como yo?

D: *O sea que, ¿las mujeres en realidad no querían ir a trabajar a las fábricas?*

K: No, pero si no trabajas no comes, y después de la destrucción de la cosecha, no queda mucho que comer por aquí. Aunque nos las habríamos arreglado. Habríamos encontrado la manera.

D: *¿Vinieron a buscarlas?*

K: [Con sarcasmo.] Les hicieron ver que ésa era la manera correcta de actuar y las ayudaron a trasladarse.

D: *O sea que no les dieron donde elegir. ¿Trabajan en el mismo tipo de fábrica que tu hijo mayor?*

K: No lo sé, no me lo han dicho. No les permiten escribirnos. Dicen que eso sólo incumbe al Gobierno.

D: *¿Tenéis algún contacto con ellas?*

K: Poco frecuente. A veces, consiguen avisarnos de que están bien, pero es muy difícil.

Éste era otro ejemplo de las restricciones en las comunicaciones. El japonés medio debía recibir muy poca información.

D: *¿Quién cuida de los niños?*

K: Los llevan a un centro, en la misma fábrica, y allí los cuidan.

D: *Comprendo. Cuidan a los niños para que las mujeres puedan trabajar en la fábrica. ¿La mayor parte de los hombres está en el ejército?*

K: Los jóvenes, sí.

D: *Entonces, no queda mucha gente para hacerse cargo de los cultivos. ¿Cómo esperan alimentar al Ejército y al país?*

K: ¿Quién sabe? Consumirán lo que tienen almacenado y, después, se morirán de hambre.

D: *No piensan en el futuro con antelación.*

94

K: Creen que ganarán la guerra y que, una vez acabada, ya no tendrán problemas.

D: *Dijiste que el Ejército, los soldados que pasaron por donde tú vives, están ahí para mantener la gente a raya.*

K: Sí, y para hacer una demostración de fuerza, para que nadie abra la boca en su contra o incite a la gente a pensar que están equivocados.

D: *Así que, en tu opinión, ¿la gente, en general, no está de acuerdo con lo que está pasando?*

K: ¿Quién querría su propia destrucción? La gente no hace las guerras. Son los que tienen el poder y desean más poder, quienes inician las guerras. Pero, ¿qué podemos hacer? Nadie habla de esto. Si alguien se atreve a decir algo, desaparece, lo matan en el acto o... Sencillamente, ¡no hablas! Todos estamos de acuerdo en que lo que se está haciendo no está bien, pero no tenemos ningún poder, ni siquiera la atención del Emperador, y no podemos cambiar las cosas.

D: *¿Has presenciado algún caso en que alguien haya hablado claro y le haya ocurrido algo?*

K: Los matan.

D: *¿A su propia gente? Esto suena más bien drástico.*

K: Cuando se está en guerra, hay que presentar un frente unido. Ellos creen que si alguien está minando ese frente hay que deshacerse de esa persona. [Le pedí un ejemplo.] Había un hombre en el pueblo; dijeron que lo habían cogido robando, pero yo lo conocía y ese hombre nunca robaría; ante se moriría de hambre. Estoy convencido *de* que lo sorprendieron criticando a los que tienen el poder; entonces se lo llevaron y lo colgaron.

D: *¿Salió alguien en su defensa?*

K: Nadie se atrevió porque todos sabían la verdadera razón de que lo colgaran.

D: *¿Éstas son las órdenes que tienen los soldados?*

K: ¿Quién sabe? Sólo ellos conocen las órdenes, si es que las hay.

D: *¿Tú crees que actúan por iniciativa propia?*

K: Puede ser. N adie lo sabe con certeza. Cuando tienes la oportunidad de hacer una demostración de fuerza y consigues intimidar a la gente, no tienes que preocuparte por que vuelva a repetir e la situación. Esta es la razón de que hayan utilizado este caso como ejemplo.

D: *O sea que utilizan a alguien de ejemplo para asustar· a la gente. ¿Tienes algo con qué defenderte, en la granja?*

K: La espada de mi tatarabuelo y nada más. Ninguna arma de fuego; todas desaparecieron. Formaban parte de la lista de cosas que tenían que confiscar. Dijeron que ningún civil podía tener armas.

D: *Se llevaron tu protección.*

K: Sí, pero en su opinión, *ellos* son la protección y por lo tanto, no tenemos por qué preocuparnos. Cuando la verdad es que es *de ellos* de quien tenemos que protegernos.

D: *¿Qué más había en la lista de cosas para confiscar?*

K: Se llevaron todas las provisiones que podían transportar, las que podían llevarse con facilidad. Alimentos como pescado salado y arroz. Comida que se conserva.

D: *¿Qué crees que habrán hecho con tus cabras y bueyes?*

K: Probablemente *los* habrán sacrificado para utilizarlos como alimento. Ahora sólo podemos arar a mano y ya soy demasiado viejo para esto. Pero eso a ellos no les importa, no son ellos quienes realizan el trabajo. Todo esto forma parte de la locura por la que estamos pasando. Cada vez que queremos cultivar los campos pasa algo, o los soldados marchan s obre nuestra cosecha, o no tenemos semillas de modo que es inútil.

D: *¿Tienen algún campamento cerca?*

K: A pocos kilómetros tienen lo que llaman su centro de operaciones, un puñado de barracas de madera que han construido unas junto a otras. Está por encima del pueblo, así pueden vigilarlo.

D: *Entonces, imagino que debes ver a los soldados de vez en cuando.*

K: Si tengo suerte, yo los veo antes a ellos, de este modo, ellos no me ven a mí ... Todavía no lo han quemado todo, aunque amenazan con hacerlo.

D: *¿Temes que puedan hacer algo así?*

K: Si las cosas empeoran mucho, sí.

D: *¿Por qué habrían de incendiarlo todo?*

K: ¿Quién sabe? Dicen algo como que, si ya está destruido por el fuego, nadie lo querrá ni podrá ser utilizado como escondite.

D: *Es una lógica extraña. ¿Por qué creen que habríais de esconderos de ellos si son vuestros protectores?*

K: No lo sé, quizá piensan que alguien podría venir, como ocurre en el norte, donde están luchando ... Puede que estén pensando en esa posibilidad.

D: *¿Así, el enemigo, como ellos le llaman, no podría esconderse?*

K: Yo no lo comprendo, pero ... sí.

D: *¿Crees que los otros países son vuestro enemigo?*

K: No deberíamos considerar a otras personas nuestro enemigo; las personas no son más que personas. Puede que sus creencias e ideas no encajen o no coincidan con las nuestras, pero, en lugar de luchar, deberíamos sentarnos y hablar de nuestras diferencias. Los que tienen el poder no pueden ser buenas personas.

D: *¿Sientes odio hacia Estados Unidos?*

K: ¿Qué significan ellos para mí? Yo nunca he estado en ese país, ni siquiera sé cómo son sus habitantes. ¿Acaso son distintos a mí? ¿Si alguien les corta, acaso no sangran como lo hago yo? Si nunca he visto un norteamericano, si ninguno de ellos ha venido a molestarme, ¿cómo puedo culparles de lo que me ocurre? A mí no me han hecho nada y, ¿cómo puedes considerar a alguien tu enemigo si nunca le has visto la cara? Se trata de una enemistad que yo no he creado. Esto no tiene sentido. No, yo siento más resentimiento hacia los que han destruido mis pertenencias y se han llevado a mis hijos. Es hacia ellos que siento un gran enojo.

D: *¿Es por eso que escondías algunas de tus cosas? ¿Para tener algo de qué vivir?*

K: Sí, para no morirnos de hambre.

D: *Bueno, quizás así tus pertenencias estén seguras. No es bueno tener algo durante toda la vida y que venga alguien y te lo quite.*

K: No, resulta muy doloroso que se lleven cosas que apreciamos.

D: *¿Qué les ocurre a los demás?¿ Crees que tendrán alimentos para sobrevivir?*

K: No lo sé, todo el mundo está preocupado. El Gobierno dice que cuidará de nosotros, pero yo tengo mis dudas al respecto. Cualquiera que permite que sus soldados destruyan las cosechas, que son tan necesarias, no puede saber ni darse cuenta de lo que realmente está sucediendo.

Me dijo que era avanzado el otoño. Que habían cosechado lo que habían podido y que podrían pasar el invierno.

D: *Quizás en primavera podáis plantar de nuevo.*

97

K:   Eso esperamos. Sólo nos queda la esperanza.

D:   *¿Cómo se siente tu mujer ante esta situación?*

K:   No habla mucho, pero la he visto llorar. Sé que está muy preocupada y que se pregunta qué nos va a suceder, a nosotros y a nuestros hijos. Es como si el mundo entero se hubiera vuelto loco y nos arrastrara a nosotros con él.

D:   *¿Crees que estaréis bien aquí o deberíais trasladaros a la ciudad?*

K:   Preferiría morir a mudarme a la ciudad.

D:   *¿Todavía moldeas vasijas?*

K:   Cada vez menos. Nuestra mayor preocupación es el día a día y mantenernos juntos.

D:   *Bueno, de todos modos, no debe haber muchos lugares donde puedas venderlas. ¿Necesitas dinero?*

K:   Todavía no. Nos las arreglaremos, como siempre hemos hecho.

Había imaginado que Nogorigatu estaba en Hiroshima vendiendo su alfarería el día que la bomba hizo explosión. Ésta me parecía la explicación más obvia, pero él ya no iba a la ciudad y tenía intención de mantenerse alejado de ella. Tendría que seguir su relato y descubrir lo que había sucedido.

Yo sabía que no estaba influyendo en Katie de ninguna manera porque, cada vez que creía conocer las respuestas, resultaba estar equivocada. Nunca sabía qué giros iba a dar la historia.

D:   *¿Pagan algo a tus nueras por su trabajo en la fábrica?*

K:   Sí, y también les dan comida y un lugar donde vivir, pero no mucho más.

D:   *Bueno, al menos, alguien cuida de ellas.*

K:   Eso dicen, pero, más que en las palabras yo creo en las acciones, y esa gente no se ha ganado mi confianza. ¿Por qué habría de creerles?

D:   *¿ La guerra ya ha llegado a tu país?*

K:   Se comenta que hay zonas en el norte donde se lucha y que están siendo destruidas, pero, por el momento, aquí no ha llegado. Aun así, nos preocupamos y estamos intranquilos.

D:   *Por lo menos, aún tienes a tu esposa. Hay alguien contigo.*

K:   Debo estar agradecido, pues sé que al menos no estoy solo.

La vida estaba cambiando drásticamente para aquel hombre

pacífico. El mundo se cernía sobre él y cada vez le resultaba más difícil ignorar lo que acontecía y continuar siendo un aislacionista. Su mundo se estaba derrumbando a su alrededor.

El mismo Gobierno japonés era consciente de que la guerra era impopular. Esto quedó patente cuando apostaron a los soldados en las zonas rurales para que acallaran cualquier signo de rebelión que surgiera entre su propia gente. Los japoneses se sentían molestos por el robo de alimentos y la alteración total de la vida privada. Nogorigatu me presentaba una historia de Japón que yo nunca había oído antes, una historia que me sorprendía y me trastornaba. Lo trasladé hacia el futuro, al año 1944, y le pregunté qué veía. Al responder, la voz de Katie adquirió un tono tan bajo y débil que apenas podía oírla.

K: Veo la tumba de mi mujer.

Me sorprendió y le pedí que me contara lo sucedido. Su voz se impregnó de dolor.

K:  Iba andando por la calle, en el pueblo, cuando pasaron unos *jeeps* y la atropellaron. No la habían visto ni les importó. Ninguno paró.
D:  *¿Dónde estabas tú en ese momento?*
K:  Estaba en nuestra casa... Ella estaba pidiendo, intentaba conseguir comida para nosotros, algo de arroz, cualquier cosa.
D:  *¿Ya no te queda dinero?*
K:  Nada que se acepte como moneda de cambio. Se necesitan *cosas* y la comida es lo que tiene más valor.
D:  *¿Quieres decir que el dinero ya no tiene valor?*
K:  Sólo hasta cierto punto. Quizás en las ciudades, pero aquí, no sirve para nada.
D:  *Una vez, me dijiste que tenías joyas. ¿Podrías venderlas?*
K:  Sí. Si voy a Hiroshima, puede que sí.
D:  *Sin embargo, tu mujer estaba mendigando comida. ¿Había ido a buscarla para los dos? [Hubo una pausa muy significativa.]*

Me preguntaba por qué la había dejado ir sola al pueblo. ¿Acaso era demasiado orgulloso para rebajarse a pedir? Siempre habían podido cuidar de sí mismos sin la ayuda de otros. Quizás el hecho de haberla dejado ir sola y que muriera a raíz de aquello, se

99

estaba convirtiendo, para él, en una pesada carga de culpabilidad.

D:  *¿No pudiste cultivar nada?*

K:  Algo, pero no lo suficiente. En cuanto empezaba a crecer, venía alguien y arruinaba la cosecha o... [con tristeza]; todo parecía ir mal.

Para mí, no tenía sentido que un gobierno no quisiera que los granjeros cultivaran alimentos. En Estados Unidos, durante la guerra, ocurrió todo lo contrario.

D:  *En mi opinión, lo lógico sería que desearan que cultivarais alimentos; de este modo, ellos también podrían disponer de una parte.*

K:  Sin embargo, ellos *sí* que tienen comida. Alimentos que han robado a la gente y que han almacenado. ¿Por qué habrían de preocuparse porque nos muramos de hambre?

Sería más lógico que permitieran a los granjeros trabajar los campos y que *después* se apropiaran de la cosecha. Me preguntaba qué pensaba hacer el gobierno cuando las provisiones se terminaran, teniendo en cuenta que las tierras no se estaban cultivando.

D:  *¿Entonces, habéis estado comiendo lo que teníais escondido?*

K:  Sí, y también lo que crece por los alrededores, bayas, raíces y vegetales. De vez en cuando, consigo atrapar un zorro o un conejo y, entonces, comemos carne.

D:  *¿Hay algún sitio para ir a pescar?*

K:  Sí, pero está plagado de soldados. No es seguro acercarse.

D:  *Y, ahora, ¿qué vas a hacer?*

K:  [Parecía estar a punto de llorar.] No lo sé, sentarme y morir. ¿Qué más da?

D:  *¿Vas a quedarte en la granja?*

K:  Puede que sí o puede que no. Quizá vaya a vivir con mis nietos.

D:  *¿Tienes noticias de tus hijos?*

K:  Hace mucho tiempo que no sé nada de ellos.

D:  *¿Sabes dónde están?*

100

K:    No, no les está permitido dar esta información. Creo que
      en algún lugar del norte, pero no estoy seguro.

La voz de Katie era ahora tan triste y débil que resultaba
difícil entenderla. Creí que iba a ponerse a llorar. Nogorigatu
parecía sentirse tan sumamente infeliz y su dolor se notaba tan
a flor de piel que era evidente que su mujer había muerto
recientemente.
Una vez me dijo que nunca iría a vivir a la ciudad, pero ahora
debía sentirse al límite de sus fuerzas, sin otra alternativa. De
todos modos, a estas alturas, nada parecía importarle.

D:    *Creí que no te gustaba la ciudad. ¿Cómo te sientes al*
      *tener que ir a vivir allí?*
K:    No quisiera tener que hacerlo. Me entristece tener que
      abandonar este lugar que es mi vida.
D:    *Bueno, al menos tendrás comida.*
K:    [Enojado.] Sí, con comida pero sin principios. [Hubo una
      larga y desesperanzada pausa.] Todos debemos seguir nuestra
      vía, nuestro camino. Si éste es el mío, que así sea.
D:    *Parece que Japón está pasando por una mala*
      *época. ¿La guerra ya ha alcanzado a tu país? [Yo*
      *estaba pensando en los bombardeos.}*
K:    Sí.

Hablaba despacio, inseguro, y le costaba encontrar las palabras
adecuadas. Estaba tan absorto en su pesar que parecía no querer
hablar de nada.

K:    Están construyendo defensas..., refugios... donde la gente
      pueda esconderse en caso de ataque. Los construyen en las
      afueras de las grandes ciudades y los cuarteles generales
      de los ejércitos.
D:    *¿Por dónde creen que llegarán los ataques?*
K:    No lo sé. Unos dicen que nos atacarán por mar, otros por aire.
      La gente tiene miedo.
D:    *¿Por qué el Gobierno no pone fin a todo esto?*
K:    Han ido demasiado lejos. No podrían, aunque quisieran. A
      su manera, todavía creen que pueden ganar... Pero, *nadie*
      *gana.* Creo que nada de esto tiene sentido. Es una
      equivocación. Lo único que deseo es volver a mi vida de
      paz.

101

*D: Sí, te comprendo.*

Daba muestras de un dolor y una aflicción tan intensos que resultaba sobrecogedor. Este hombre, que yo había llegado a conocer tan a fondo, me causaba tanta pena, que no podía dejarlo así. Para mí, era una cuestión de conciencia no terminar la sesión en un momento de tanto desconsuelo; aunque quizá lo hacía por mí misma más que por Katie, puesto que ella no recordaría esa historia al despertar. Fuera cual fuese la razón, antes de despertar a Katie decidí trasladar a Nogorigatu a una época más feliz. Me pareció justo, puesto que se había convertido, para mí, en un ser humano real y sensible, capaz de experimentar sentimientos y emociones profundas. La guié hasta el año 1930, a un período de paz antes de que el mundo se hubiera vuelto loco. La voz de Nogorigatu denotaba, una vez más, juventud y plenitud de vida.

K: Hay una procesión en el pueblo. Celebramos que los cerezos están floreciendo. Los sacerdotes van delante, echando arroz, impartiendo bendiciones y confiando que será un año próspero. Los jóvenes del pueblo visten sus mejores kimonos, pasean por las calles y cantan.

*D: ¿Tú contemplas la procesión o participas en ella?*

K: Yo la contemplo. Estoy sentado en la colina, a las afueras del pueblo y miro. Oigo las flautas y los tambores, los platillos y las campanas. Repican todas las campanas.

*D: ¿Hay adornos?*

K: Serpentinas y cometas que hacen volar desde las casas. Y cosas por el estilo.

*D: ¿Por qué celebráis el florecer de los cerezos? ¿Se trata de una época importante?*

K: Es un tiempo para recordar que vivimos de la tierra y que la tierra debe prosperar.

Resultaba irónico que volviera a un momento como ése después de experimentar lo que sucede cuando no se permite que la tierra prospere, cuando seres humanos desconsiderados la despojan de sus frutos y la dejan baldía.

*D: ¿Hay alguien contigo?*

K: No, estoy solo. Mi familia participa en la procesión y yo los observo.

*D: ¿Por qué no has querido tomar parte en la fiesta?*

K: No quería, prefería mirar. Ellos se divierten a su manera y yo a la mía.

102

D:    *Parece que tu familia es feliz.*

K:    Mucho. Creo yo.

D:    *Todos visten sus mejores kimonos. Hay música y serpentinas. Es una época hermosa y constituirá un recuerdo feliz.*

Ahora podía devolver a Katie a su estado consciente con la conciencia tranquila. Había vuelto a unir a Nogorigatu con su familia, aunque sólo fuera por un breve momento en el tiempo. Prefería que recordara los momentos felices a los tristes. Habrá quien diga que, en realidad, para él era indiferente puesto que hacía tiempo que había muerto; que yo sólo revivía recuerdos y que no importaba el orden en que lo hiciera, pero a mí me gusta pensar que, de hecho, no era lo mismo para aquel hombre bueno. Así, al menos reafirmaba la creciente confianza entre aquella entidad y yo misma. Quizás él pudiera entender, de alguna manera, que yo sólo deseaba su bien, que sentía por él y sus penalidades una gran compasión. Puede que mi forma de actuar contribuyera al fortalecimiento de nuestra relación conforme nos íbamos acercando a aquel fatídico día en que iba a necesitar todo tipo de ayuda. Es posible que mis sentimientos hacia él constituyeran la única manera de poder sacar a la luz su historia. No lo sé, sólo sé que había desarrollado un afecto especial hacia aquel hombre y no quería que sufriera, por mi culpa, sin causa justificada. Si estaba en mi mano, lo protegería de cualquier malestar.

Cuando Katie despertó de la sesión, se encontraba muy bien. Como, de hecho, había estado durmiendo, no sentía efectos desagradables. Pero yo sí que me sentía inquieta y no podía olvidar, con tanta facilidad como Katie, el sufrimiento de aquel hombre. De hecho, había empezado a obsesionarme. Su dolor era mi dolor. Por la noche, mientras intentaba dormir, oía de nuevo sus palabras. De día, llenaba mis pensamientos, y, de noche, mis sueños. Era como si su padecimiento estuviera ocurriendo en este momento y no cuarenta años atrás. Parecía suplicarme que contara su historia; que diera un sentido a su muerte; que no permitiera que su fallecimiento hubiera sido en vano. Yo sabía que tenía una misión que cumplir y que ninguno de los dos estaría en paz hasta que narrara su historia. Sentí que su relato estaba cobrando importancia y prometí, para mis adentros, que cumpliría su deseo. Contaría su historia.

103

# 12. - Tiempo de guerra en Hiroshima

Después de la última sesión, yo me sentía muy intranquila. Pensamientos inquietantes empezaron a asaltar mi mente. A medida que la historia de aquel hombre se iba desvelando, yo descubría una imagen de su país y de su gente, en tiempos de guerra, distinta a la que tenía hasta entonces. Los japoneses se vieron atrapados en una situación que no habían buscado. Nunca me parecieron tan evidentes los horrores que una guerra puede causar en la gente de la calle.

Camino de mi casa, una vez finalizada la sesión, estaba muy nerviosa. Algo, que yo no podía identificar, no encajaba. De repente, como un relámpago que lo ilumina todo en una noche oscura, supe de qué se trataba. «¡Dios mío! -pensé-. ¡No había sido necesario lanzar la bomba! Japón se estaba derrumbando interiormente. Sus habitantes se estaban muriendo de hambre y era sólo cuestión de tiempo que la guerra, de todos modos, terminara. Era imposible que un país en tal estado de confusión pudiera aguantar mucho tiempo.» Se trataba de una idea totalmente nueva para mí; una manera diferente de pensar. Fue una revelación muy dura, pero llevaba la marca indeleble de la verdad.

Como yo crecí durante los años de guerra, estuve expuesta a toda la propaganda bélica que exhibieron periódicos y películas. El enemigo era el enemigo, vil y monstruoso, y no había zonas grises. Durante los años que habían transcurrido desde el final de la guerra, yo nunca me había preguntado si Estados Unidos habían actuado correctamente. Aquella idea ni siquiera se me había ocurrido.

Ahora, por primera vez en mi vida, me veía obligada a cuestionarme los motivos que había detrás de la acción de mi país. ¿Por qué lo hicimos? ¿Acaso no teníamos espías en Japón que nos contaran las verdaderas condiciones que imperaban en aquel país? Quizá no.

En realidad, podía ser que los expertos no supieran que Japón estaba de rodillas. Yo me consolaba con estos pensamientos. Al fin y al cabo no somos perfectos; hay otras manchas en nuestro pasado. Pero sólo pensar en aquella posibilidad me hacía sentir como una traidora, profundamente avergonzada y deprimida por los pensamientos que inundaban mi mente.

De algo estaba segura: estas ideas no podían surgir de la mente consciente de Katie. Si no se me habían ocurrido a mí, que ya vivía durante aquella etapa bélica, ¿cómo podían ocurrírsele a ella que entonces ni siquiera había nacido? Como Katie y yo íbamos a continuar trabajando juntas, tenía que relegar aquellos pensamientos a un segundo plano. Lo que realmente importaba era conseguir la historia del japonés y liberar a Katie de la carga de aquel terrible recuerdo que había salido a la luz. Seguramente, cuando empezara mi investigación, descubriría que ésta era sólo la versión de un anciano solitario y la reputación de mi país quedaría indemne.

Cuando a la semana siguiente nos encontramos para nuestra sesión habitual, ni siquiera me acordaba de aquellos pensamientos negativos. Después de trasladar a Katie a su ya familiar estado de trance, la guié hasta los años de la guerra y procuré acercarla al momento de la explosión atómica en Hiroshima. La conmovedora historia de Nogorigatu volvió a surgir. Después de que los soldados atropellaran a su mujer, *él* no quería seguir viviendo y no sabía qué hacer. Lo trasladé al invierno de 1944 y le pedí que me describiera lo que veía.

K: Veo las tropas. Se están trasladando. Han decidido situar el centro de operaciones cerca del pueblo y ahora han reunido a los soldados y están de camino.

D: *¿Tú dónde estás?*

K: He ido a mi casa para vigilar mis cosas.

D: *¿Todavía vives en la granja?*

K: Sólo de vez en cuando. Algunas veces me quedo en el pueblo y, otras, en Hiroshima.

D: *¿Desde la casa puedes ver a los soldados?*

K: Sí, van por el camino que lleva al pueblo. Nosotros intentamos mantenernos alejados de ellos y ... nos escondemos.

¿Por qué había dicho *nosotros*? ¿Se refería a que la gente, en general, intentaba mantenerse alejada de los soldados?

D: *¿Con quién vives cuando estás en Hiroshima?*

K: Me quedo con mis hijas y mis nietos. [Probablemente las llamaba sus hijas porque eran la única familia que le quedaba.] Trabajan todos los días en las fábricas y los nietos van a la escuela estatal. Allí cuidan de ellos.

Desde el primer día de nuestra aventura, me había preguntado qué lo había llevado a Hiroshima. Ahora conocía la respuesta: se había visto obligado a mudarse a Hiroshima, algo que había jurado que nunca haría. Quizá se vio empujado por la soledad, la desesperada necesidad de alimentos o una mezcla de ambas cosas. Por decirlo de alguna manera, ya teníamos a «la víctima en la escena del crimen».

**D:** *¿Sabes qué h.1cen tus hijas en la fábrica?*
**K:** Trabajan con los ... *jeeps...* o fabrican piezas de algún tipo. No estoy muy seguro. Es asunto del Gobierno. [...]Tocios los que trabajan en las fábricas viven en la misma zona. Tienen varios edificios y es allí donde viven.
**D:** *¿Hay suficiente espacio para todos, cuando estás con ellos?*
**K:** No, es muy justo. Ellas disponen de dos habitaciones y viven en ese espacio.

Estaba tan acostumbrado al aire libre y a la libertad de su granja, que trasladarse a vivir a la ciudad ruidosa y superpoblada., debió constituir para él una difícil concesión.

**K:** Mucha gente ha venido a la ciudad ..., lejos de la tierra, para encontrar empleo u otro tipo de trabajo. Todo se ha puesto difícil en todas partes, de modo que hay que coger lo que se puede.
**D:** *¿Hay suficiente comida en la ciudad?*
**K:** Dan a los trabajadores una cantidad fija de comida, sean cuantos sean de familia, y hay que arreglárselas. De todos modos, quienes trabajan para el Gobierno están en mejor situación que aquellos que todavía intentan continuar con sus vidas de antes de la guerra.
**D:** *¿De dónde sacan la comida? ¿Pueden ir al mercado o cómo la consiguen?*

Me estaba acordando de cómo racionaban la comida en Estados Unidos durante la guerra. Nos daban libretas de racionamiento que nosotros utilizábamos para comprar lo que queríamos o lo que encontrábamos en la tienda de comestibles.

**K:** Les dan la ración de comida directamente a ellos. Hay

106

una cantidad determinada y ellos la distribuyen.

D: *¿Hay suficiente para alimentarte a ti también?*

K: La hacemos llegar. Por eso no me quedo siempre con ellos. Tengo que valerme por mí mismo. Sobrevivo.

D: *¿Cómo te trasladas de la granja a la ciudad?*

K: No tengo más remedio que andar. Tardo unos tres días en ir y volver.

D: *Debes tener muy buena salud para recorrer un camino tan largo.*

K: Hago lo que tengo que hacer. Un hombre puede hacer cualquier cosa, si se lo propone. Además, pase lo que pase, éste es mi hogar; aunque haya tenido que irme. Pertenezco a este lugar. Y, de vez en cuando, simplemente necesito venir y pasar aquí algo de tiempo, para comprobar y asegurarme de que todavía se mantiene en pie y que no han quemado mi casa hasta los cimientos. [...] Está algo deteriorada, no si por el viento o por la gente. En parte, creo que se debe a que han robado madera para calentarse [...] y se han llevado cosa. Aunque no quedaba mucho. Casi todo lo que quedaba lo escondí o enterré, y aún sigue ahí. Sé que no me servirá de mucho en estos momentos, pero son mis cosas. Cosas que no interesan a nadie[...] y a las que yo tengo cariño.

D: *¿No puedes vender nada para comprar comida?*

K: En tiempos de guerra, nadie quiere comprar objetos de arte. Están más interesados en acallar sus estómagos vacíos que en mirar objetos y apreciar su belleza. Sólo tienen valor para mí.

D: *Una vez, me dijiste que habías enterrado algunas joyas en los alrededores. ¿Todavía están ahí o Las utilizaste?*

K: Todavía están aquí. Nunca podría deshacerme de ellas. Creo que antes me moriría de hambre, porque han pasado de generación en generación.

D: *[Parecía estar muy alterado e intenté tranquilizarle.] Bueno, quizás algún día, cuando todo haya terminado, puedas volver y recuperarlas.*

K: Sólo queda la esperanza.

D: *[Desvié su atención a recuerdos menos tristes.] ¿Hay muchos soldados en la carretera?*

K: Bastantes. Van todos en camiones, con sus armas. Se están trasladando.

D: *¿Sabes por qué trasladan su centro de operaciones más cerca del pueblo?*

K:   No, no lo sé. U no aprende a no hacer preguntas a los militares; si se quiere seguir viviendo. Si saben algo que los demás desconocemos, se sienten importantes.

D:   ¿ Cómo te hacen sentir todos estos sucesos?

K:   Confuso. Me pregunto por qué las cosas tienen que ser así. Alguien debe pensar que están actuando correctamente, pero yo no logro verlo de esta manera. No entiendo que algo bueno pueda surgir de la destrucción de vidas humanas. ¿Qué se consigue? O sea, ¿qué precio podemos adjudicar a una vida humana?

D:   ¿ Qué piensan los demás?

K:   La mayoría están tan confusos como yo, pero, sobre todo, tienen miedo de hablar, porque saben que es peligroso expresar la propia opinión.

D:   ¿Los que viven en la ciudad también están confusos?

K:   Algunos, pero su mayor preocupación es el día a día; acaparar cosas, más que ocuparse de esos temas. Al menos, ellos tienen trabajo y comida.

D:   ¿Tus hijas reciben dinero a cambio de su trabajo?

K:   Sí, pero en vales. Se trata de que..., sólo puedes utilizarlos a través de los militares y cosas así. Ellos tienen la llave del dinero.

Yo sabía en qué consistían los vales. Los utilizamos cuando estuvimos destinados en Filipinas. En lugar de auténtico dinero es papel moneda emitido por los militares. Normalmente, sólo puede utilizarse en instalaciones del Gobierno.

D:   ¿No podéis usar ese dinero para comprar en otros establecimientos?

K:   No, sólo a través de los militares. Ellos tienen sus propias tiendas donde venden ropa y cosas por el estilo. Sólo podemos comprarles a ellos o efectuar trueques en el mercado. Si tienes algo que pueda interesar a otra persona, puedes hacer un intercambio directo.

D:   Me llama la atención que, además de daros la comida racionada, controlen lo que compráis.

K:   Bueno, ¿sabes?, cuanto más control tienen sobre el comercio, les parece que tienen más control sobre la gente. Si únicamente puedes comprar por medio de ellos, te controlan y no hablas en su contra porque podrían cortarte el suministro.

D:   En realidad, os están privando de vuestra libertad.

K:   Pero, ¿qué es la libertad sino un estado mental?

D:   *Bueno, antes eras más o menos libre de hacer lo que quisieras, ¿no es así?*

K:   Yo era libre de... vivir sin que el mundo me importara, sí, pero el mundo se ha inmiscuido en mi vida, parece cernirse sobre nosotros. Cuando te ves limitado a la lucha diaria por la supervivencia, no puedes ignorar los problemas. Entonces empiezas a pensar en las cosas que has perdido y en cómo empezó todo. Sólo cuando se llega a este punto, cuando se llega a este estado de gravedad, la gente se da cuenta de que realmente ha perdido algo.

D:   *Por lo que dices, no parece que el gobierno se preocupe mucho por la supervivencia de la gente.*

K:   En gran parte, no. Sólo les preocupa cómo van a sobrevivir *ellos.* Piensan que si consiguen superar esta situación, tendrán dónde elegir, que entonces tendrán suficientes suministros para alimentar a la gente y que todos volveremos a estar como antes y olvidaremos las dificultades.

D:   *Y, ¿qué ocurre con la gente que no trabaja en las fábricas? ¿Cómo consiguen alimentos?*

K:   Algunos comercian entre ellos, confeccionan vestidos y cosas por el estilo que intercambian por comida y otras cosas. De todos modos, hay mucho trabajo en las fábricas del Gobierno y muchos empleos que dependen de los militares. La mayoría de la gente, al menos, consigue sobrevivir.

D:   *Por lo visto, hasta cierto punto, los que trabajan en las fábricas están mejor.*

K:   Mmm, probablemente porque tienen la seguridad de disponer de un empleo. De esto no tienen que preocuparse y, como último recurso, pueden acudir a los misioneros. Éstos tienen sus propios bienes y ayudan a alimentar a los demás.

D:   *¿De dónde obtienen los misioneros sus bienes?*

K:   La Cruz Roja y otras organizaciones envían provisiones y los misioneros las obtienen de ellas.

Esta información me sorprendió, pero supongo que la Cruz Roja siempre ha sido neutral y actúa motivada por razones humanitarias. La Cruz Roja Internacional es una organización suiza y, durante la guerra, se les permitía enviar provisiones a los campos de prisioneros, de modo que, supongo que también debieron enviar suministros a Japón. Nunca había pensado en esto y no creo que se tratara de información del dominio público.

D: · *¿Los misioneros son de distintas religiones?*

K: Están los sacerdotes católicos y los luteranos. Y, sí, nos proporcionan cierta ayuda.

D: *Me pregunto si el Gobierno sabe, realmente, lo mal que están las cosas.*

K: O si realmente le importa. Saber e importar son cosas distintas. Sólo ven la gran idea de vencer y no les importa lo que cueste.

Katie empezó a mostrarse incómoda y le pregunté qué le ocurría. Nogorigatu manifestó que sólo se sentía cansado, aunque parecía un cansancio del alma, más que del cuerpo. Dejamos aquella escena.

Llevábamos varias semanas recogiendo información sobre la vida de aquel hombre japonés. Sólo empecé a acercarme a los años de la guerra, después de obtener el permiso de Kati. Yo había sido fiel a mi promesa y no me había aproximado a la fatídica fecha del 6 de agosto de 1945 en que la bomba atómica cayó sobre Hiroshima. Cuando terminamos esta sesión, me di cuenta de que habíamos llegado al final del camino. Le dije a Katie que sólo quedaba un lugar por explorar: la muerte de Nogorigatu. Ella ya había revivido mucho trauma y tristeza con el relato de las experiencias de aquel hombre y no la habían afectado en absoluto n su estado consciente. Yo estaba segura de que nunca volvería a experimentar el mismo trastorno que padeció cuando el recuerdo del bombardeo surgió por primera vez. Y también sabía que, bajo hipnosis, el relato de la historia podía controlarse y que nunca volvería a causar el mismo impacto obre u menee consciente. Le prometí que si accedía a intentarlo, sólo lo reviviríamos una vez y que nunca más volveríamos a adentrarnos en esa experiencia. Katie se sentó, pensativa, valorando la situación. Se daba cuenta de que habíamos explorado aquella vida tanto como era posible y que sólo nos quedaba analizar la muerte. Pero todavía no podía darme una respuesta. Quería pensar en ello durante la semana y me contestaría cuando nos encontráramos en nuestra próxima sesión habitual.

# 13. - La bomba atómica

La semana siguiente, mientras esperaba en el coche a que Katie saliera de su trabajo, multitud de pensamientos cruzaron mi mente. La confianza mutua que habíamos desarrollado era más importante que obtener una historia apasionante. Además, aquel hombre japonés se había convertido en algo muy real para *mí* y no podía traicionarle. Esto era tan importante para mí como no perjudicar mi relación con Katie. Debía considerar a *ambos* como personas reales, con sus sentimientos y emociones. Si Katie todavía no se sentía capaz de afrontar esa vida, siempre podíamos continuar explorando otras. Nunca he obligado a nadie a hacer algo con lo que no se sienta tranquilo.

Cuando Katie se acercó al coche, era coda sonrisas. Había tomado la decisión de seguir adelante y se sentía como si le hubieran quitado un gran peso de encima. Desde algún lugar en su interior, sabía que experimentar la muerte de Nogorigatu era muy importante para su bienestar y que tenía que enfrentarse a ello. Sabía que si intentaba evitarlo, la acosaría siempre, desde lo más hondo de su alma. Sin embargo, la decisión de enfrentarse a aquello no significaba que no tuviera miedo. Todavía se sentía nerviosa cuando pensaba en pasar por aquella experiencia. Se dice que el auténtico valor es hacer algo aunque nos cause terror, puesto que no se necesita valor para hacer algo fácil. Yo me sentía orgullosa de que hubiera tomado aquella decisión. Por ella, no por mí. Pensaba que le sería muy útil para su crecimiento personal.

Una vez en la casa, mientras nos preparábamos para la sesión, fui yo quien se puso nerviosa. Había acompañado a mucha, mucha gente en la experiencia de la muerte con la regresión hipnótica. Muchas de estas situaciones habían tenido lugar de forma espontánea, in previo aviso. En otros casos, yo les había guiado a revivir *ese* episodio y siempre había podido controlar el trastorno que sufría el sujeto.

Yo sabía que lo que íbamos a explorar aquel día era una situación totalmente distinta. Era la primera vez que sabía con antelación cómo iba a morir esa persona y el modo en que la había afectado en su estado consciente. ¿Alguien puede, realmente, imaginar lo que debe ser morir de una explosión atómica? ¿Sería esta exploración de la muerte distinta de las otras? ¿Cómo reaccionaría ella? ¿Cómo reaccionaría *yo?* Tenía escalofríos de sólo pensarlo. Katie captó, instintivamente, mi ansiedad: «¡Vaya, no sé quién está más nerviosa, si tú o yo!»

Me reí, pero no intenté esconder mis sentimientos. Le conté mis reservas, pero, así y todo, quiso llevar adelante la vivencia. Yo sabía, por experiencias pasadas con otros, sujetos que si ella no podía controlar la situación, se despertaría, como ocurre con las pesadillas. El subconsciente protege al sujeto durante todo el tiempo que éste se encuentra en estado sonámbulo y yo no podría retenerla allí si ella no quería revivir la experiencia. Cuando pronuncié la palabra clave y la vi deslizarse hacia el conocido estado de trance, la cubrí mentalmente con la luz blanca de protección sólo que, esta vez, también llamé a sus guías espirituales y a los poderes que nos rodean para que la ayudaran en esa prueba. (Algunas personas llaman a estos poderes ángeles de la guarda.) No quería dejar nada al azar y sabía que necesitaría toda la ayuda que pudiera encontrar.

Durante la sesión, estuve tan preocupada y dedicada a controlar las reacciones físicas de Katie, que no sentí plenamente el impacto emocional de la experiencia hasta que, más tarde, escuché la grabación que la reproducía. Cuando grupos de personas interesadas en el tema escucharon la cinta, muchos lloraron y otros no pudieron aguantar hasta el final y salieron corriendo de la habitación. Espero poder transmitir aquellas emociones, tan reales y sobrecogedoras, a través de un medio tan pobre como es la palabra escrita. Me he dejado la piel intentando encontrar la manera más efectiva de expresar aquellos sentimientos sobre el papel. Creo que nos encontramos ante algo que debe ser contado. Se trata de una historia de nuestro tiempo que clama al mundo y suplica: «¡No dejéis que esta locura vuelva a repetirse!»

Aspiré profundamente y empezamos la sesión.

D:   *Trasladémonos a la primavera de 1945, a la época del año en que la tierra despierta y las plantas vuelven a crecer. ¿Qué ves?*

K:   Veo aviones que vuelan sobre nuestras cabezas. Es como si nos estuvieran acechando, como si vigilaran lo que hacemos.

D:   *¿Dónde estás?*

K:   En Hiroshima.

D: *¿Qué tipo de aviones son?*

K: Pues ..., no lo sé. Son bastante grandes. Hay ..., cuatro o cinco y vuelan por encima nuestro.

D: *¿Por qué vuelan sobre la ciudad?*

K: No tengo ni idea. No son de los nuestros. Es como si nos vigilaran. No dejan caer bombas, sólo nos observan. Y a los habíamos visto antes, pero este venir y volar justo por encima nuestro es reciente. Me pregunto si están buscando un buen sitio para dejar caer sus bombas. No lo sé.

D: *¿Otros aviones han lanzado sus bombas, anteriormente?*

K: Sí, hacia el norte y alrededores, y han causado mucho daño en campos y poblaciones. Nosotros no hemos recibido ningún impacto importante, al menos no en la ciudad. Pero todo se mantiene en secreto; quizá seamos los siguientes.

D: *¿Por qué lanzan las bombas?*

K: Las lanza el país con el que estamos en guerra. La guerra en la que hemos estado batallando, sólo que ahora ha llegado a nuestros hogares.

D: *¿Crees que el Gobierno esperaba que esto sucediera?*

K: ¿Quién sabe? Probablemente pensaron que la guerra acabaría antes de llegar a este punto. Pero, ¿quién soy yo para emitir juicios? Yo no tengo la misma información que ellos... Me preocupa porque sé que se están lanzando bombas y, como ahora sobrevuelan la ciudad, bien podrían tirarlas aquí. Esto me preocupa.

D: *¿La gente siente miedo cuando los aviones sobrevuelan la ciudad?*

K: Sí. Corren hacia las ... protecciones, lugares donde uno está seguro. Les llaman ... refugios antiaéreos o algo parecido. No estoy seguro. [No estaba seguro de que fuera la palabra correcta.]

D: *¿Has estado alguna vez en uno de esos refugios?*

K: Sí. Algunos son escuelas, sólo que bien protegidas y quizás un poco más alejadas ..., lejos de las fábricas y otros centros. Otros son los subterráneos de los edificios más altos.

D: *¿Ahí es donde se dirige la gente cuando se acercan los aviones?*

K: No siempre, a veces la gente sigue con sus actividades. Hay que vivir, pase lo que pase.

D:   *¿No hay normas establecidas con respecto a esto?*

K:   Sí, ponen en marcha las sirenas y, cuando dejan de sonar, nos hacen saber que hay amenaza de bombardeo, pero, de momento, no ha habido ningún ataque. Tenemos que abandonar las calles, pero, aparte de esto, no hay más problemas. A mí n me gusta ir al refugio, prefiero ver lo que se me acerca, a correr como una ardilla asustada y esconderme en los árboles. Si he de morir, prefiero ver lo que me va a matar.

D:   *¿Todavía vas a tu casa, de vez en cuando?*

K:   No, es una zona demasiado peligrosa con tantos soldados y posibles bombardeos y..., ya no voy.

D:   *¿Te gusta vivir en la ciudad, con tus hijas?*

K:   Me siento como un pájaro enjaulado..., confuso y sin poder volar.

D:   *¿De vez en cuando, sales a pasear?*

K:   Alguna vez, pero nos paran en las calles. Los soldados sospechan de todo el mundo y hacen preguntas como: «¿Por qué estás aquí? ¿Qué estás haciendo?» La gente se está volviendo suspicaz y esquiva. A veces, consigo alejarme y voy a dar un paseo, pero no hay a dónde ir; sólo se puede pasear por la ciudad y eso no me gusta. A mí me gusta vivir en mi propia casa, rodeado de mis campos y mis animales. Encuentro a faltar la paz y la tranquilidad.

D:   *Me dijiste que sólo teníais dos habitaciones. ¿Es suficiente para poder dormir todos?*

K:   Extendemos los fotones en el suelo y dormimos sobre ellos. Hay espacio suficiente para eso.

D:   *¿Tenéis un sitio para cocinar?*

K:   Tenemos un hornillo de carbón en una de las habitaciones.

D:   *Bueno, al menos no estás solo. Eso se agradece.*

K:   Sí, es cieno, pero tampoco es una vida adecuada para educar a unos niños.

D:   *Es verdad. Y..., ¿en qué mes estamos?*

K:   En abril.

D:   *Abril de 1945. De acuerdo, avancemos unos meses, hasta julio de 1945. Estamos en verano y hace calor.*

Pensé que era mejor tomarnos algo de tiempo, acercarnos poco a poco antes de meternos de lleno en el suceso. La guié hasta julio de 1945 y pregunté a Nogorigatu qué era lo que veía.

K: Veo a mis hijas que vuelven del trabajo. Les estoy ayudando a hacer la comida.

D: *¿Cómo van las cosas?*

K: Están muy, muy mal. Hay muchos problemas. Ha habido bombardeos por la ciudad y todo el mundo está preocupado y en tensión. Nosotros no hemos recibido ningún impacto directo, pero continuamente nos preguntamos cuándo será. Dos fábricas de los alrededores han sido alcanzadas. No ha habido daños *graves,* sólo algunos muertos, pero las fábricas siguen funcionando.

D: *¿Qué se oye cuando caen las bombas? ¿Las oís?*

K: Antes de la explosión, se oye un silbido penetrante, aunque según dicen, la que te alcanza no la oyes, o sea que no lo sé.

D: *Y, ¿qué ocurre con la fábrica donde trabajan tus hijas? ¿Ha recibido algún impacto?*

K: Todavía no.

D: *¿El edificio en que vivís está cerca de la fábrica?*

K: No muy cerca, pero lo suficiente para estar preocupado.

D: *¿Los aviones pasan muy a menudo?*

K: Todas las mañanas temprano. Yo los observo y me pregunto ... ¿cuándo será? Algunas personas pueden ignorarlos [emitió un profundo suspiro], pero yo, no.

D: *¿Hay soldados cerca para protegeros?*

K: Sí. Disparan a los aviones, pero actúan como si se tratara de un gran juego, como si no fuera en serio. Yo ..., no lo entiendo. [Le pedí que se explicara.] Bueno, es como si los estuvieran esperando, entonces les disparan tres tiros con sus armas, y eso es todo. Parece como si no les importara dar en el blanco, o quizás es que están fuera de alcance, no lo sé.

D: *¿Ocurre lo mismo por todo el país?*

K: No lo sé, no recibimos muchas noticias. Los militares tienen información, pero no nos cuentan gran cosa.

D: *¿Todavía vas a los refugios?*

K: Algunas veces. La gente ... Se ha convertido en algo tan cotidiano que la gente ya no se inquieta. [Se echó a reír.] Algunos dicen que ponen su reloj en hora con los aviones. [Volvió a ponerse serio.] Creo que tienen un plan. Están tramando algo, pues no creo que sean tan necios como para hacer esto cada día sin razón alguna. Están busando algo o

115

planean alguna cosa, pero no sé de qué se trata.

D:  *Parece extraño, pero entiendo que se pueda llegar al extremo de no sentir el peligro.*

K:  Sí, llegas a ignorarlos. Algunos se sienten así, no les preocupa. [Suspiró.] Pero *yo sí* que me preocupo. Dicen que soy un viejo loco, pero yo me preocupo.

D:  *¿Tus hijas están intranquilas?*

K:  Ellas creen lo que les dicen. Dicen que los norteamericanos no quieren bombardearnos o algo parecido; no sé. Dicen que no son tan fuertes como para vencernos. También dicen que la guerra casi ha terminado y que ya no se combate. ¿Quién sabe?

D:  *Parece que os dicen todo tipo de cosas. ¿Tus nietos están asustados?*

K:  No, sólo contemplan los aviones. Opinan que es muy emocionante ver a los aviones volar sobre nosotros.

D:  *¿Cómo os va con la comida?*

K:  Todavía subsistimos con lo que nos dan. No sé dónde lo consiguen. Casi siempre es arroz. Es menos de lo que solían damos antes, pero todavía nos las arreglamos. Algunas veces, si tenemos suerte, conseguimos algo de comida en el mercado, pan, cereales y ..., no mucho más. Otras, si conseguimos semillas, plantamos nuestros propios brotes de cereales. Los cultivamos dentro de las habitaciones, con un poco de agua y la luz del sol. Después, nos los comemos con el arroz. De vez en cuando, comemos carne, pero no muy a menudo; cada vez es más escasa.

D:  *¿Obtenéis la carne del Gobierno o en el mercado?*

K:  A veces, un poco de ambos sitios. En ocasiones nos dan un poco de carne con nuestras raciones, pero lo más habitual es que la consigamos de alguien que ha matado a sus bueyes o algo parecido.

D:  *Antes me dijiste que intercambiáis cosas en el mercado. ¿Qué intercambiáis?*

K:  Distintas cosas. Unas veces, una sábana que nos sobra; otras, lo que encuentro como frutas, frutos secos o cosas por el estilo. Entonces las intercambiamos. Cualquier cosa que encontremos.

D:  *Parece como si el dinero ya no tuviera valor.*

K:  No, no tiene valor real. Hace mucho tiempo que no veo dinero.

Me enteré de que, en aquellos tiempos, el mercado negro

116

florecía en Hiroshima y, probablemente, por todo Japón.

D:   *¿Cómo reparten la comida?*
K:   La repal·ten en el trabajo. En general, dos veces por semana.
D:   *Es una vida distinta a la que estabas acostumbrado.*
K:   Sí, mucho más dura, en contacto más directo con la realidad.
D:   *¿Ahora estás ayudando a preparar la cena?*
K:   Estoy contemplando a mis nietos mientras juegan.
D:   *Son una bendición.*
K:   Sí, a veces te hacen olvidar los problemas, pero también te preocupas por lo que les pueda pasar.

Era ahora o nunca, y decidí que había llegado el momento de dar el salto. Respiré hondo y me lancé al futuro.

D:   *Vamos a dejar esta escena e iremos unas semanas más adelante. Nos trasladaremos al 6 de agosto de 1945 y me contarás lo que veas. Recuerda y ten presente en todo momento que estás envuelta en la luz blanca protectora y que tu guía está aquí para ayudarte. No dejaremos que nada te haga daño. Lo que vas a ver no es más que un recuerdo y podrás contármelo. Podrás aprender mucho de la experiencia y no te afectará ni física ni mentalmente. Si lo deseas, siempre puedes adoptar el papel de mera observadora.*

Cuando la trasladé a aquel día tan importante, el aspecto de Katie cambió. Se quedó blanca como una sábana y su cuerpo se puso rígido. Parecía estar muy aturdida, y cuando intentaba hablar, sólo conseguía emitir jadeos. Le costaba mucho articular palabras. El contraste entre su habla lenta, lacónica y entrecortada de antes y el estado actual de la entidad era muy evidente. Parecía encontrarse en un estado de choque emocional y, cuando consiguió hablar, le temblaba la voz. En ocasiones, su cuerpo se estremecía. Nunca antes había sentido en una voz una emoción tan sobrecogedora y tanto dolor. Surgía de algún profundo lugar de sus recuerdos subconscientes y no tenía conexión alguna con Katie.

Era evidente que algo terrible había sucedido. Yo estaba convencida de saber de qué se trataba, pero tenía que actuar como si no supiera nada y dejar que Nogorigatu contara su propia historia. Katie respiraba profundamente. Le pregunté qué era lo que sucedía.

Finalmente, pudo hablar, aunque con dificultad. Sus frases eran inconexas, con pausas, mientras Nogorigatu, confundido, intentaba encontrar las palabras para describir una experiencia que no podía describirse con palabras.

K: Hubo..., hubo un gran destello. Y, después, los *vientos*... eran como fuego. La gente, la gente cayó al suelo y ellos ..., y ellos no se levantaron, y ..., y ... [su voz reflejaba una incredulidad absoluta]. *¡Los gritos!*

D: *¿Desde dónde lo observas?*

K: Y o estaba en el mercado.

D: *Cuéntame cómo fue el destello.*

K: Una luz blanca, cegadora. Y ..., y después un gran ... estallido. Y ..., y ..., una nube *gigante*. Subió hacia arriba y ..., y ..., se expandió. Y entonces los vientos lo arrollaron todo. ¡Eran como fuego! *¡Por todas partes hay gente muriendo!* ¡¿POR QUÉ?!

El grito surgió de las profundidades de su alma y me hizo sentir escalofríos por toda la espalda.

D: *¿Sabes qué ha ocurrido?*

Él no podía emitir ningún sonido. Transmití a Katie sentimientos de confianza, pues sabía que en cualquier momento podía decidir acabar con aquello y despertar. Y o sentía una auténtica y gran compasión por Nogorigatu, así que le dije, con dulzura y cariño: «Puedes hablar de ello. De hecho, creo que te hará bien hablar sobre e]Jo y además yo te comprendo.»

K: Yo no ... ¡Es difícil oír nada más que los *gritos!* La gente ..., los que pueden correr, corren. La gente cae al suelo. Algunos, simplemente se tambalean, con los brazos en cruz ... [El choque emocional aumentaba, rayando el pánico.] ¡Todo ha desaparecido! ¡Todo ha quedado destruido! ¡Los edificios es como si nunca hubieran existido! ¡No queda nada! ¡¿POR QUÉ?!

D: *¿Estás solo o con tus hijas?*

K: Solo. [Con voz desconcertada.] No sé dónde está *nadie*. ¡Todo ha desaparecido! La ciudad está como si..., ¡El *centro* de la ciudad ya no existe! ¡HA DESAPARECIDO! Los edificios... *¡se han desvanecido!* Sólo quedan los

118

escombros... y los *gritos.*

Incluso mientras escribo estas palabras, puedo oír, de nuevo, el horror sin límites reflejado en la voz de Katie.

Tuve que esforzarme para no verme atrapada en todo aquello. Sólo si me mantenía objetiva podría vigilar a Katie y pensar qué preguntas hacerle.

D:  *¿Dónde está situado el mercado?*
K:  Estaba... cerca de una de las entradas a la ciudad. Estaba ... lejos... del centro.
D:  *Has dicho que la nube se elevó y que después llegaron los vientos. ¿Fue entonces cuando los edificios empezaron a derrumbarse?*
K:  Sí, y ellos..., la gente cayó al suelo. Mucha gente..., se murió, de repente.
D:  *¿Los edificios desaparecieron cuando se f armó la nube o cuando sopló el viento?*
K:  Una mezcla de ambas cosas. Algunos ..., cuando se formó la nube ..., desaparecieron en ese instante. Otros ... El intenso viento lo derrumbó todo. Y la gente... [Se detuvo como si le costara terminar las frases.]
D:  *¿Tú también caíste al suelo?*
K:  Sí... Se oyó un... chillido. No podría decir si se trataba de los gritos de la gente o si... era ruido. Y o no..., no lo sé. Todo lo que sé es que... ¡todo el mundo se está muriendo! [Su voz fue desvaneciéndose en un doloroso suspiro.]

Hubo una pausa y, por el movimiento de los ojos de Katie debajo de los párpados, supe que Nogorigatu miraba hacia abajo. Inesperadamente, exclamó: «¡Mis... manos!» No entendí qué quería decirme y él replicó: «¡Mis manos... están negras! ¡Se han quemado!» Por lo tanto, no era un mero observador en esta tragedia, sino que también había resultado herido, aunque no se había dado cuenta hasta entonces debido al choque emocional que sufrió por lo que estaba sucediendo. Indiqué a Katie que no experimentaría molestias físicas, aunque, más tarde, médicos expertos me dijeron que este tipo de quemaduras suelen ser tan profundas, que las terminaciones nerviosas quedan destruidas y no se siente dolor, al menos, en ese instante. En aquel momento, yo desconocía estos hechos y sólo me preocupaba el bienestar de Katie.

D:  *¿Las manos son la única zona de tu cuerpo que está negra?*

K:  No. Mi cara ..., siento como si no hubiera nada ..., como si no tuviera piel. [Soltó un gemido.]

Tuve que apartar aquella espantosa imagen de mi mente para poder continuar.

Nogorigatu me preguntó con voz de niño perdido: «¿Qué pasará ahora....? ¿Adónde puedo ir....? Quizás...haya otros en mi situación, sin saber a dónde ir. Me tambaleo y... me caigo. Vuelvo a incorporarme y vuelvo a intentarlo.»

D:  *¿Crees que podrías encontrar el camino de vuelta a donde vivías?*

K:  Ya no está. Todo ha desaparecido... Tengo que irme, pero, ¿adónde podría ir?

D:  *¿Adónde quieres ir?*

K:  Lejos. Fuera. A donde sea, pero lejos. Tengo que irme ..., alejarme de este... *horror.*

D:  *¿Adónde se dirigen los demás?*

K:  Los que puedo ver... están como yo ..., sólo se... tambalean y ... están perdidos.

D:  *Antes me dijiste que los aviones sobrevolaban la ciudad todas las mañanas. ¿Viste algún avión esta mañana?*

K:  [Fue como si acabara de darse cuenta de que podía existir una conexión.] Sí..., eso es..., justo antes de todo esto. ¿Puede ser que ellos... Deben ..., deben haber... dejado caer... *¡algo espantoso! [*Jadeó.] ¿Cómo ha podido alguien hacer *algo así?* ¿Cómo? ¿Acaso saben lo que han hecho? ¿Les importa?

Sus palabras sonaron como un grito desesperado en medio de. la desolación.

D:  *¿Crees que hay alguna conexión entre lo que ha sucedido y los aviones que os sobrevolaron?*

K:  [Estaba muy nervioso.] Ésta es la única explicación. ¡Deben haber... *hecho* algo! [Su voz era todo incredulidad.] ¡Han destruido la ciudad! *¡Toda* una ciudad! ¡Reducida a la nada! [De repente, emitió un gemido.] Siento como si mi interior ardiera. Todo está..., es..., es como si... alguien hubiera encendido una cerilla, la hubiera colocado en mi interior y se hubiera convertido en una hoguera. ¡Y está en llamas!

Reaccioné con rapidez y le indiqué que no sentiría dolor ni molestias. Los expertos me revelaron que, probablemente, los pulmones de Nogorigatu se quemaron a consecuencia de haber respirado aquel aire tan caliente. Esto ocurre, a menudo, cuando alguien respira humo de un incendio. La sensación de dolor pudo haberse retrasado a causa de la primera impresión, pero todo esto no son más que especulaciones, y los síntomas físicos pudieron deberse a quemaduras profundas, la radiación o alguna otra causa que desconocemos.

Katie podía haber adoptado el papel de observadora en cualquier momento y describirme la escena, pero, al parecer, su subconsciente quería que pasara por aquella experiencia. También puede ser que su propia alma creyera que necesitaba recordar todo aquello con detalle. Estaba tan inmersa en la experiencia que ignoraba, una y otra vez, mis indicaciones de que se mantuviera al margen. Intenté desviar la atención de Nogorigatu de sí mismo y de su estado físico, aunque no lo conseguí.

D: *¿Ocurre alguna otra cosa en la ciudad? [Estaba pensando en incendios o cosas parecidas.]*

K: No ..., que yo sepa. Yo... Yo..., no lo sé. No puedo... ver... nada. Esto es ... , yo ... , yo ... , no sé. Sólo ...

D: *¿Por qué? ¿Hay demasiada confusión o qué pasa?*

K: [Lentamente.] Yo... no puedo... ver mucho..., nada.

D: *¿Crees que algo ha afectado a tus ojos?*

¿Se trataba de una reacción tardía a la explosión, o de un bloqueo mental a todo aquello que no quería ver?

K: Yo... yo... no Jo sé. Todo lo que sé es... dolor y confusión y el *horror.* ¿¡PORQUÉ!?

No podía desprenderse de las emociones provocadas por lo que estaba sucediendo. Yo no soy sádica y no quería hacerle sufrir por el simple hecho de conseguir la historia de su vida. Decidí alejar a Katie de aquella escena, trasladarla al futuro y avanzar con ella más o menos una semana. Suponía que, para entonces, el anciano japonés ya estaría muerto y que podría mirar hacia atrás, en esa vida, desde su estado de espíritu y contarme más cosas, pero estaba equivocada.

121

K:    [La voz era muy suave.] Estoy ... en el interior de un edificio. Ellos ... han venido y cuidan a los que estamos muriendo.

O sea, que el anciano japonés era más fuerte de lo que yo pensaba. Había conseguido sobrevivir una semana a pesar de las quemaduras y la radiación tóxica. Este dato también encajaba con los recuerdos espontáneos de Katie sobre esta vida, puesto que ella sentía que aquel hombre no había muerto de inmediato, sino que había agonizado durante nueve días.

D:    *¿Hay mucha gente contigo?*
K:    Hay *cientos* de personas ... muriendo lentamente. Lo sabemos. [Parecía como si se hubiera resignado a una situación sin esperanza.] [...] Dijeron que había sido una bomba. Los norteamericanos la arrojaron.
D:    *¿Es posible que una sola bomba haya ocasionado todo esto?*
K:    No sé cómo. [Suspiró.] [...] No sé cómo. Todo lo que sé es que la muerte y el dolor... son mis compañeros. [Su voz se quebró.] Es espantoso que... alguien haya concebido una cosa tan terrible. [Jadeó.]
D:    *¿Qué ha pasado con tus hijas? ¿Las has visto?*
K:    [Su voz era un susurro lastimero.] No. Es probable que hayan muerto. ¡Mis nietos! [Pronunció estas palabras entre sollozos.] Todos muertos. [...] Es un privilegio haber muerto al instante; no seguir vivo.
D:    *¿Hay médicos o enfermeras?*
K:    Sí, pero no pueden hacer nada. [Su voz mostraba una desesperación total.] Sólo..., nos dan algo para el dolor. No sé lo que es, pero ayuda un poco, aunque... no mucho..., no mucho.
D:    *¿Utilizan un edificio como hospital?*
K:    Sí. Sólo se oyen llantos y... gente agonizando. ¡Y *los niños!* [De nuevo, pronunció estas palabras entre sollozos.] Todo el mundo... Están esperando que... muramos todos.

Yo había oído decir que nuestros aviones habían lanzado folletos para avisar a la gente de que abandonaran la ciudad. Ahora me preguntaba si era verdad.

122

D: *He oído decir que los norteamericanos intentaron avisar a la gente de que esto ocurriría. ¿Has oído algo a este respecto?*

K: No lo sé. Yo ... no lo sé. No creo que les importara. ¿*Cómo* pudimos llegar al extremo de que alguien quisiera hacer algo así? ¿Siquiera*pensar* en hacer algo así? ¿Cómo han podido?

Le costaba mucho hablar y, de vez en cuando, balbuceaba.

D: *No lo sé, es difícil de entender. Es duro pensar que sucedió. Bueno, creo que ha llegado el momento de abandonar esta escena. Déjala, con todo su dolor y sufrimiento, en el pasado, donde le corresponde estar. Vamos a alejarnos de ella.*

El cambio que experimentó Katie fue inmediato. Su cuerpo se relajó y el color volvió a sus mejillas. Como si hubiera pulsado un interruptor.

D: *Eres un hombre muy sensible y compasivo y no queremos alargar este dolor y sufrimiento. Lo dejaremos en el pasado, que es donde le corresponde estar. Te estoy muy agradecida por habérmelo contado y hablarme de ello. Ten presente que lo que has experimentado no es más que un recuerdo de algo que pasó hace mucho tiempo. No te afectará, física ni mentalmente. Nunca más te volverá a preocupar porque ahora sabes de dónde viene y dónde tiene que estar.*

Me invadió una serena y profunda tristeza. La muerte de Nogorigatu había sido tan traumática, que no podía soportar despertar a Katie con esa experiencia como último recuerdo en su subconsciente. Ella había experimentado un cambio evidente y yo sabía que había superado esta prueba ilesa, y que no tendría ningún recuerdo consciente de la experiencia. Aun así, yo sentía que era justo y honrado llevarla a una época más feliz antes de despertarla. También creía que se lo debía a aquel anciano, a quien había llegado a conocer y respetar. Sería mi despedida, mi tributo hacia él. ¿O quizá lo hacía por mí? Nunca lo sabré. Sólo sabía que, en conciencia, no podía despertarla directamente de aquella desesperanza tan implacable.

D:   *Volvamos al año 1930. De vuelta a tiempos más felices,*
     *a un día feliz.*

Su voz cambió de inmediato, de los atormentados lamentos del japonés agonizante a un habla más joven y vital.

K:   Estoy trabajando en mis cacharros. Acabo de sacarlos del
     horno y ahora se están enfriando.

¿Qué mejor momento al que volver? Una época en que el mundo todavía estaba en paz y Nogorigatu trabajaba en sus vasijas, algo que siempre le llenaba de orgullo.

K:   Son muy hermosas. Cada una de ellas es única a su manera.
     Yo soy muy cuidadoso en mi trabajo. Mi amor se refleja
     en cada una de las piezas que moldeo.
D:   *[Yo sentía una gran compasión por aquel hombre.]*
     *Realizas un buen trabajo y te sientes orgulloso de él.*
     *Además lo vendes y la gente lo compra, y esto demuestra*
     *que tiene valor.*

Me relajé y sentí cómo la calma se adueñaba de la habitación. Sabía que todo iría bien. Mi amigo japonés por fin encontraría la paz que su espíritu reencarnado había ansiado. Había cumplido la misión que empezó cuando los recuerdos ocultos emergieron en la mente de Katie. Su existencia tenía una justificación y su muerte no había sido en vano.

D:   *¿Dónde está tu familia?*
K:   [Katie sonreía.] Mis hijos están en el campo y mi mujer
     trabajando en casa. Yo estoy dedicado a mi... trabajo.
D:   *Es un día feliz, ¿no es así? Un recuerdo feliz.*
K:   Sí, estoy muy contento. Saber que mis propias manos han
     creado representaciones de la belleza me resulta muy
     satisfactorio.

Una vez más, me imaginé al joven Nogorigatu moldeando, en secreto, sus queridas y pequeñas figuras de animales en contra de la voluntad de su padre.

D:   *También te gusta moldear pequeñas figuras, ¿no es*
     *cierto?*

K:    [Sonrió.] Sí.

D:    *Los pequeños animales. Eso está muy bien porque te llena de orgullo. Y hoy es un día feliz. Conserva los recuerdos felices y no te apegues a los infelices. Hay que recordar los buenos momentos. ¿No estás de acuerdo?*

K:    Sí. Ellos nos permiten asimilar los recuerdos. Entonces puedes mirar atrás y sonreír.

D:    *En efecto. Piensa en los buenos momentos y los malos ya se cuidarán solos. Es una frase que tú mismo podrías haber dicho, ¿no es cierto?*

Había llegado a identificarme con él. Había sentido su dolor y su tristeza y me pareció justo poder completar el círculo y devolverlo al lugar donde lo había encontrado, moldeando sus vasijas. Ahora podía dejarlo con el recuerdo de tiempos mejores, antes de que el mundo hubiera enloquecido. Yo sabía que no tendría descanso hasta que dejara su historia plasmada en papel y la contara a todo el mundo. Ahora he cumplido la promesa silenciosa que le hice.

Más adelante, se me ocurrieron más preguntas que habría deseado que me contestara sobre el bombardeo, pero mantuve el compromiso adquirido con Katie. Le había asegurado que sólo lo exploraríamos una vez, y nunca más lo hemos revivido. *¡Dios mío!* ¡Con una vez fue suficiente!

En sesiones posteriores, averigüé que después de la traumática muerte en Hiroshima, aquella entidad estuvo, durante un tiempo, en el lugar de reposo de los espíritus, en el más allá. Se trata de un lugar especial reservado para muertes similares a ésta. Ella se daba cuenta de que, con una muerte tan larga como la que había experimentado, había limpiado mucho karma. Después asistió a la escuela en el plano espiritual donde maestros y profesores la ayudaron a evaluar esa vida. Estaba allí cuando la llamaron para realizar esta tarea e intercambiar su alma por la de la entidad que ocupaba el cuerpo de Katie. [Exploro, más profundamente, estos estados del ser en el libro *Conversations with a Spirit*]

La semana siguiente a la experiencia, Katie me dijo que se encontraba de maravilla, que le habían quitado un gran peso de encima y que estaba completamente segura de que aquel recuerdo no volvería a inquietarla. ¡Se la veía tan equilibrada! Ambas sabíamos que había valido la pena todo lo que habíamos pasado para obtener aquella historia. Una vez finalizada la experiencia, Katie empezó a cambiar. Continuamos trabajando juntas y ella maduró con rapidez.

# 14. - La investigación

Al fin, habíamos acabado las sesiones y yo había terminado mi interrogatorio sobre la vida del hombre japonés. Nunca antes había oído contar la historia de la guerra desde aquel punto de vista, pero ... ¿era cierto? Se trataba de una manera totalmente distinta de'ver la guerra. ¿Tan difícil era conseguir comida? ¿Tan oprimida estaba la gente por sus propios soldados? ¿Se obligaba a los hombres a incorporarse al Ejército y a las mujeres a trabajar en las fábricas? Había llegado el momento de empezar la investigación para verificar o refutar los acontecimientos tal y como los había expuesto Katie en trance profundo. Ésta era la parte que más me gustaba, porque me encanta sumergirme en los libros y pasar horas indagando por las bibliotecas en busca de aquel dato escurridizo.

Cuando empecé a trabajar con Katie, yo no sabía mucho sobre aquel hecho histórico a pesar de que, cuando sucedió, yo ya había nacido. En aquellos días, el ciudadano medio sólo conocía la versión que ofrecían la radio y los periódicos, y sólo los que tenían suficiente interés indagaban y conseguían información más completa. El bombardeo de Hiroshima no nos afectó de manera directa, a no ser porque significó el final de la guerra.

Cuando los japoneses se rindieron, hubo gran alegría y felicidad, y nunca se nos ocurrió pensar que en la raíz de aquella euforia estaba el sufrimiento de otras personas. Eran tantos los norteamericanos que habían muerto en aquella contienda, que para nosotros supuso el final de una pesadilla y el inicio de la vuelta a la normalidad. Sabíamos lo del bombardeo, pero para nosotros no tuvo más significación personal que las películas bélicas con las que nos bombardearon durante la guerra. No fue hasta más tarde, cuando se comprendió lo que era la radiactividad y se estudiaron sus efectos mortales, que el suceso volvió a los medios de comunicación. Se lo consideró, entonces, como una mancha negra en la historia de nuestro país. La gente se preguntaba cómo pudimos, en tanto que seres humanos, hacer algo tan horrible, y la controversia que suscitó aquel suceso ha continuado en el tiempo, desde aquel día de 1945, hasta ahora.

Todo aquello no me afectó personalmente hasta que lo experimenté, de primera mano, con Nogorigatu; por lo tanto, cuando empecé a investigar, yo no conocía más que los hechos básicos y muy pocos datos más. Pensé que sería fácil hacer averiguaciones porque se trataba de un hecho histórico reciente. Lo único que tenía que hacer era encontrar relatos sobre la guerra y el bombardeo, y comprobar si coincidían con la historia de Nogorigatu. Sin embargo, descubrí que hay muy pocos estudios, encargados por Japón o Estados Unidos, sobre las experiencias *personales* de aquellos que vivieron la explosión o los efectos secundarios que padecieron. Mucho se ha escrito sobre las implicaciones morales de nuestras acciones, la fabricación y experimentación de la bomba, y las posiciones encontradas entre nuestro gobierno y los científicos antes de la explosión de la bomba. También hay mucha documentación sobre el vuelo del *Enola Gay,* el B-29 que soltó la bomba, y el comandante Tibbets, el piloto del avión. Sin embargo, bien poco se ha escrito sobre la gente y lo que experimentaron, a no ser desde un punto de vista clínico y estrictamente científico, sin mencionar sus emociones. Los libros *Hiroshima,* de John Hersey, y *Hiroshima Diary,* de M. Hachiya, están basados en experiencias personales y han pasado a ser dos clásicos de referencia para todo aquel que se dedique al estudio de este complejo tema.

Después de la guerra, se iniciaron muchos proyectos de investigación, pero, como los investigadores también son seres humanos, abandonaron los estudios cuando empezaron a vislumbrar el inmenso horror de aquel suceso. El libro *Death in Life,* de Robert J. Lifton, es único porque fue la primera vez que un psiquiatra analizaba los efectos emocionales que padecieron los supervivientes. Se escribió veinte años después de la explosión y el autor se encontró con que la gente era reacia a hablar con un norteamericano, pues temían que utilizáramos la información para construir armas mayores y más eficaces.

Robert J. Lifton declaró que comprendía que otros investigadores se resistieran a completar sus proyectos, y que él tuvo que aislarse emocionalmente de las sobrecogedoras historias que oyó, pues era la única manera de ser objetivo y recopilar la información. Yo tuve el mismo problema; hay que evitar verse arrastrado e involucrado en la experiencia. Lo mismo puede decirse de otros sucesos de igual carga emocional, como el Holocausto judío. Se trata de hechos que provocan rechazo y repugnancia en el alma humana. No hace muchos años, hubo una campaña que negaba la existencia del Holocausto, y lo mismo ha ocurrido, aunque en menor escala, con la bomba atómica. Como no pueden negar que explotó, intentan minimizar y silenciar el suceso. Puede que a los humanos no nos guste pensar que somos capaces de realizar actos tan sumamente espantosos e inhumanos contra nuestros semejantes.

Mis averiguaciones revelaron un alto grado de exactitud en el relato de Katie, el cual fue verificado punto por punto. Aún hoy siento escalofríos cuando determinada información, por muy pequeña que sea, ratifica la validez de los resultados obtenidos mediante la regresión hipnótica.

Empecé a destapar la historia. El Emperador no quería la guerra, pero el régimen militar del país la inició. Yo creo que el papel del Emperador es como el de la reina de Inglaterra, de mero figurante, y que un Gabinete o Asamblea gobierna el país. Como dijo Nogorigatu, en este caso fue un general quien tomó la decisión movido por las ansias de poder. Una vez iniciado el conflicto bélico, Japón se convirtió en un país fanático por vencer. Los militares no quisieron dar su brazo a torcer, ni siquiera cuando los japoneses empezaron a pasarlo mal. En ese momento, los líderes intentaron convencer a la gente de que si resistían, todo saldría bien.

Los bloqueos, bombardeos y cortes en las rutas de suministro y comercio hicieron mella en el país. Hacia el final de la guerra, hasta los jóvenes en edad escolar fueron obligados a trabajar para ayudar en aquel esfuerzo por la victoria. El objetivo primordial del Gobierno era conseguir más aviones, porque estaban siendo derrotados debido a la falta de cobertura aérea. Sin aviones de protección, los barcos de suministros no podían llegar a las islas; por consiguiente, se instigó a la gente para que construyeran más aviones, armas y suministros bélicos y dejaran de lado la producción de alimentos y ropa. El Gobierno estaba convencido de que, si podían fabricar más aviones, podrían ganar la guerra, pero, entonces, cortamos sus rutas de suministro y bombardeamos las líneas de ferrocarriles y sus problemas aumentaron: las materias primas no podían llegar a las fábricas.

Es cierto que en Hiroshima había muchas fábricas. Ésta era una de las principales razones de que se la considerara un posible objetivo de bombardeo. En esas fábricas se trabajaba intensamente en la producción de suministros y equipos para que el ejército defendiera a la patria en caso de ataque. El ciudadano medio desconocía las reducciones en la disponibilidad de materias primas de aquellos últimos días. La ciudad había sido, hasta entonces, un importante puerto de tránsito y punto de desembarco de tropas, pero, al final de la guerra, las únicas tropas que había en Hiroshima eran las encargadas de la defensa de la ciudad, y la actividad del puerto había desaparecido por las minas que los aviones norteamericanos habían dejado caer en las aguas cercanas a la costa.

Durante la guerra, hubo una censura rígida que impidió que la mayor parte de noticias sobre el conflicto llegara a los ciudadanos. También es cierto que hubo escasez de alimentos y, en Hiroshima, las raciones disminuyeron durante esos últimos días antes de que se arrojara la bomba. En aquella época, el mercado negro floreció activamente para posibilitar el trueque de objetos por víveres y artículos de primera necesidad. Como dijo Nogorigatu, las «cosas» cobraron importancia y el comercio directo era la única manera de conseguir otras cosas además de las necesidades básicas. El dinero se atesoraba para más adelante, cuando recuperara su valor. El arroz era el principal cultivo de Japón, pero se convirtió en un alimento tan costoso que algunos cultivadores ni siquiera podían permitirse su consumo. Como hemos sabido por el relato, muchos granjeros no podían cultivarlo debido a la mala gestión. Japón importaba víveres adicionales de las zonas ocupadas de Tailandia e Indochina francesa, pero estas rutas de aprovisionamiento fueron interrumpidas por el asedio de la Marina estadounidense en aquellos meses de 1945.

Es un hecho conocido que, en la ciudad, la situación en cuanto a los víveres se estaba poniendo muy difícil y el número de tiendas de comestibles había disminuido radicalmente. Según cita del libro *No High Ground,* de F. Knebel y C.W. Bailey II:

El ciudadano medio sólo sabía que su ración de arroz había disminuido o que la tienda de comestibles de la esquina había cerrado porque tenían poco o nada que vender, pero el Gobierno japonés sabía mucho más. Un informe oficial fechado en junio predecía que, en 1945, los requisitos mínimos de arroz para alimentar a la gente a nivel de subsistencia sobrepasarían en 14 millones de toneladas los suministros disponibles. Aquel informe añadía que los primeros síntomas de desnutrición grave empezaban, ya, a detectarse en los sectores más aislados de Japón.

Es posible que la granja de Nogorigatu estuviera situada en uno de esos sectores.

Cuando los norteamericanos entraron en Japón como

fuerza de ocupación, descubrieron que la gente no disponía de suficientes alimentos. Por lo visto, el negro cuadro que Nogorigatu había descrito sobre las condiciones en que se encontraba su país, era cierto; no había exagerado. Japón se estaba derrumbando internamente. La gente se moría de hambre y se les estimulaba con la falsa esperanza de la victoria.

Como nunca en la historia de la humanidad había existido nada parecido a la bomba atómica, los habitantes de Hiroshima no podían prepararse para lo que se les venía encima. Como es lógico, esperaban bombardeos convencionales, iguales a los que tenían lugar en el resto del país. Nogorigatu dijo que veían a los bombarderos sobrevolar la ciudad y no se preguntaban «si...», sino «cuándo».

Las autoridades militares también estaban preocupadas y, temiendo un ataque en cualquier momento, ordenaron derrumbar algunas casas para crear cortafuegos por toda la ciudad. El Ejército reclutó a los ciudadanos en grupos de trabajo para que realizaran estas tareas. Se organizó a las mujeres y los estudiantes en grandes grupos para que derribaran las casas. Se les ordenó derrumbar casi setenta mil viviendas con la esperanza de salvar la ciudad en caso de que se lanzaran bombas incendiarias como ocurría por todo Japón. Se obligó a todas las chicas sanas a que se unieran a estos grupos *voluntarios* de trabajo y los chicos fueron destinados al trabajo en las fábricas. Muchos vivían en dormitorios en las mismas fábricas y, todas las mañanas, antes de empezar el trabajo, recibían clases. Todo esto son ejemplos de gente que fue obligada a trabajar, como explicaba Nogorigatu. No resulta descabellado creer que obligaran a sus nueras a trabajar en las fábricas, puesto que era la norma imperante en aquel momento.

La destrucción de viviendas para abrir los cortafuegos obligó a trasladar a noventa mil personas que tuvieron que abandonar la ciudad en cinco oleadas de evacuación. Sin embargo, el relato de Nogorigatu nos revela que estos desplazamientos ocurrieron en ambos sentidos, puesto que otras personas se mudaron a la ciudad para encontrar alimento y trabajo. A mediados de verano, las autoridades, inquietas por los desplazamientos no autorizados, apostaron soldados en las principales carreteras de salida de la ciudad y obligaron a regresar a todos aquellos cuya salida no había sido autorizada. Este hecho podría explicar que Nogorigatu no pudiera visitar su granja en aquellos tiempos. También dijo que detenían a la gente en las calles para interrogarla y que había mucha tensión y recelo en aquella época.

Las autoridades sabían que, tarde o temprano, le llegaría el turno a Hiroshima y querían estar preparadas. Pero, evidentemente, no tenían forma de saber que no había preparación posible para lo que se avecinaba.

Mientras casi todas las zonas urbanas de Japón habían sido arrasadas por las bombas incendiarias que lanzaban los B-29, Hiroshima permanecía extrañamente intacta. En tres años y medio de guerra sólo había recibido el impacto de doce misiles enemigos. En marzo de 1945, dos bombas pequeñas fueron arrojadas por bombarderos de la Marina estadounidense y, seis semanas más tarde, un B-29 que no pudo alcanzar su objetivo, arrojó diez bombas en una zona limítrofe de la ciudad. En estos incidentes murieron unas doce personas.

Asombrosamente, estos hechos coinciden exactamente con las respuestas de Nogorigatu a mis preguntas sobre los acontecimientos de julio de 1945. Según sus palabras: «Ha habido bombardeos por la ciudad. [...] Dos fábricas de los alrededores han sido alcanzadas. No ha habido daños graves, sólo unos cuantos muertos[...]» O sea, que los aviones estadounidenses sobrevolaban la ciudad día y noche, provocando que las alarmas antiaéreas se dispararan continuamente, pero se dirigían a otro destino. Parecía que se habían olvidado de Hiroshima.

Cuando la gente se dio cuenta de que Hiroshima era una de las grandes ciudades de Japón que no había sido blanco de intensos bombardeos, empezaron a circular rumores extraños, y a menudo humorísticos, que intentaban explicar que se la hubiera dejado de lado. Muchos de esos rumores eran descabellados y sólo ilustraban el interés de la gente por encontrar una explicación. Numerosas personas procuraron ignorar este hecho y continuar con sus vidas, pero otras creían que algo no iba bien y presentían una desgracia inminente mientras se preguntaban qué les tendrían preparado los estadounidenses. Muchos pensaban que aquello no era lógico y bromeaban con la posibilidad de que Hiroshima no estuviera en los mapas estadounidenses.

Según cita de *Death in Life*:

Mucha gente utilizaba la palabra japonesa *bukimi,* que significa extraño, siniestro o infernal, para describir la inquietante combinación de Hiroshima: siempre con buena suerte, y esperando la catástrofe. Y muchos recordaban el comentario: «¿Será mañana o pasado mañana?»

Ésta es la situación que Nogorigatu describió. Y según cita de *No High Ground:*

En Hiroshima, los que se autodenominaban «intelectuales» escuchaban, despiertos, el vuelo de los aviones y temían que los norteamericanos les estuvieran reservando un destino particularmente espantoso.

Entonces, no podían imaginar la macabra razón que se escondía detrás de su buena fortuna.

Los oficiales del Servicio de Inteligencia norteamericano estuvieron de acuerdo en que, para causar el máximo impacto en el Gobierno japonés, la bomba atómica debía explotar sobre una ciudad que se mantuviera relativamente intacta. No había muchas donde escoger porque nuestras bombas convencionales ya habían reducido a escombros cientos de kilómetros cuadrados de suelo metropolitano. Hiroshima fue uno de los emplazamientos escogidos y se dio orden de que se la excluyera de las incursiones regulares de bombarderos, reservándola para probar la bomba atómica.

Hasta entonces, la ciudad se había conservado en buenas condiciones y las alarmas antiaéreas eran tan frecuentes que la gente se acostumbró a un falso sentido de seguridad y ya no corrían a protegerse en los refugios antiaéreos cuando sonaba la sirena. Se trataba del típico caso de «tanto advirtió el pastorcillo de la presencia del lobo, que cuando de verdad llegó, nadie le creyó». Como dijo Nogorigatu, la gente se había acostumbrado tanto a ver pasar a los aviones cada día a la misma hora, que, cuando los oían, ponían sus relojes en hora. De hecho, se trataba de los aviones meteorológicos que precedían a los bombarderos. Su función era transmitir el parte meteorológico y guiar a los bombarderos a los blancos con mejores condiciones, pero Hiroshima no había figurado en la lista hasta aquel fatídico día.

También averigüé que, aunque se lanzaron folletos sobre Japón para advertir a los habitantes de las incursiones de bombarderos convencionales, en modo alguno se avisó a Hiroshima del inminente bombardeo atómico. Fue el secreto mejor guardado de la guerra.

Durante las primeras horas del amanecer del 6 de agosto de 1945, hubo dos avisos que tuvieron a los residentes de la ciudad entrando y saliendo de los refugios. No me extraña que la mayoría ignorara las sirenas e intentara continuar con su vida cotidiana. Después de haberse levantado dos veces, al amanecer, por aquellos dos avisos, muchos prestaron poca atención a la que sonó sobre las siete de la mañana. Se trataba de un B-29 que volaba alto y en solitario. Parecía el mismo tipo de avión que estaban acostumbrados a ver volar a esas horas de la mañana.

Cruzó dos veces la ciudad y, cuando se alejó mar adentro, sobre las siete y media, se oyó la señal de «fuera de peligro». No podían saber que se trataba del *Straight Flush,* el avión meteorológico que precedía al *Enola Gay,* que iba a arrojar la primera bomba atómica en la historia del mundo. Es un hecho comprobado que ninguna alarma sonó cuando el avión de Tibbets sobrevoló la ciudad poco rato después, sobre las ocho de la mañana. Sólo media hora antes, se había oído la señal de fuera de peligro y, cuando se lanzó la bomba, la ciudad vivía el equivalente a una hora punta y la mayoría de los habitantes estaba en la calle.

La bomba, con una fuerza equivalente a 20.000 toneladas de TNT y una temperatura en el centro de la bola de fuego de unos 550.000 °C, dio exactamente en el blanco, a unos 0,54 kilómetros sobre el centro de una ciudad plana, construida principalmente de madera. Fue como si un trozo del Sol, con su intenso calor, se hubiera desprendido y alcanzado la Tierra.

En el libro *No High Ground* hay una ilustración muy buena de la ciudad de Hiroshima. Había muchos brazos de río y puentes (como había descrito Nogorigatu con tanta precisión) y la ciudad estaba construida sobre los islotes unidos por esos puentes. El autor comparó la distribución de la ciudad a la mano izquierda con los dedos abiertos. Éstos representarían la zona construida y los espacios vacíos, los brazos de río que desembocan al mar. En esta imagen, el anillo de casado representaría el centro de la explosión o punto cero. El punto cero, también llamado hipocentro, pudo determinarse por el tipo de destrucción. Las enormes columnas de piedra que flanqueaban la entrada del Shima Surgical Hospital quedaron hundidas en el suelo por la fuerza de la onda de choque, por lo que se consideró que ése había sido el centro. Si el punto cero hubiera estado en alguno de los laterales de este edificio, las columnas habrían quedado tumbadas, no aplastadas.

Los supervivientes que se hallaban más alejados del centro describieron la secuencia de acontecimientos como una luz cegadora acompañada de una sensación de calor abrasador y, al cabo de pocos segundos, un estruendo y una violenta ráfaga de aire seguida por el ruido de cristales rotos. Después, vieron una enorme masa de nubes que se expandieron y subieron con rapidez hacia el cielo, donde quedaron suspendidas tomando la forma de una seta gigantesca con una parte inferior en forma de tallo o, como lo describió una persona, «la cola de un tornado».

Más tarde, los supervivientes idearon un mote para la bomba y la explosión: *pikadon,* que significa «resplandor-estruendo». Con él definían lo que habían visto según el lugar donde se encontraban en el momento de la explosión. Los que se encontraban más cerca del punto cero sólo recordaban el resplandor o *pika,* mientras que los que se hallaban más lejos, vieron el resplandor y oyeron el estruendo o *don.* Por lo tanto, según donde se encontraran en el momento de la explosión, hablan del *pika* o del *pikadon.*

Todo esto encaja a la perfección con la descripción que Nogorigatu hizo de aquella secuencia. Cuando la bomba fue arrojada, él estaba en el mercado, un lugar que contenía muchos recuerdos felices para él. Probablemente la costumbre, la familiaridad y quizá la añoranza por su anterior forma de vida lo llevaron a aquel lugar. Como vio el resplandor y oyó el estallido, queda comprobado que se hallaba a cierta distancia del centro de explosión. Nogorigatu dijo que el mercado estaba situado en el extremo sur de la ciudad, junto a una de las carreteras de entrada. Los mapas muestran que esta zona estaba situada a unos kilómetros del punto cero.

Los efectos de la bomba fueron tan estremecedores que resultan alucinantes y casi imposible de comprender. En primer lugar, el calor convirtió el centro de la ciudad en un horno gigantesco. Duró sólo un instante, pero fue tan intenso que fundió el metal, la piedra y las tejas de los tejados. Literalmente incineró a todos los seres humanos que estaban cerca del punto cero hasta tal punto, que no quedó de ellos más que el contorno grabado para siempre sobre el asfalto o las paredes de piedra. Medir la inclinación de los contornos fue otro de los métodos utilizados para determinar la localización del punto cero. Esto fue lo que sucedió junto al centro de explosión, pero más allá de ese punto, mucha gente murió a consecuencia de quemaduras graves. El calor produjo quemaduras en la piel no protegida hasta una distancia de cuatro kilómetros y grabó en las víctimas el contorno de la ropa que vestían. Los que se encontraban al aire libre sufrieron quemaduras de importancia porque nada amortiguó el efecto de la radiación térmica. Esto habrá sido lo que le ocurrió a Nogorigatu. Nuestro amigo japonés dijo que estaba al aire libre, en aquel mercado a cielo abierto y sin nada que lo cobijara. Las heridas que sufrió y el hecho de que no muriera al instante, concuerdan con la distancia a que se encontraba del punto cero. Muchos no sufrieron una exposición directa ni lesiones aparentes, pero murieron más tarde debido a que la radiación nuclear destruyó los glóbulos blancos de la sangre.

Inmediatamente después de la onda de calor, sobrevino la onda expansiva que se extendió a partir de la bola de fuego con una fuerza equiparable a vientos de 800 kilómetros por hora. Esta fuerza resulta incomprensible para la mente humana, y podría compararse con el poder destructivo de un huracán medio multiplicado por cinco. En un área de tres kilómetros a la redonda, la devastación fue completa, y en un radio de unos cinco kilómetros, prácticamente todos los edificios quedaron derruidos, lo cual coincide, aproximadamente, con la extensión de la ciudad. Miles de personas murieron al instante aplastadas por los escombros que volaban por los aires o por los edificios que se derrumbaban, y las que estaban en el interior de construcciones de cemento armado, en las zonas más alejadas del punto cero, estuvieron más protegidas. Lo único que quedó en pie fueron unos pocos edificios de oficinas que se habían construido especialmente para resistir terremotos, aunque sus tejados se desplomaron y el interior quedó destruido. Otras construcciones que no ofrecían resistencia, como puentes, postes de los servicios públicos y otras, también aguantaron. La onda expansiva siguió tan de cerca a la onda de calor que, para muchos, ocurrieron en el mismo instante.

Miles de incendios empezaron al mismo tiempo en distintos lugares, por lo que los cortafuegos que habían preparado fueron inútiles. Todos los edificios en un área de unos trece kilómetros cuadrados alrededor del punto cero quedaron destruidos por los incendios y la onda expansiva; sólo quedaron en pie los esqueletos de edificios de acero y hormigón.

A continuación cayó la extraña lluvia negra, un fenómeno escalofriante que resulta de la evaporación de la humedad en la bola de fuego seguida de la formación de una nube que surge de aquélla por la condensación. La lluvia no sólo no contribuyó a apagar los incendios, sino que creó más confusión y miedo. Después, descendió sobre la ciudad una enorme nube negra de polvo que ocultó el sol y convirtió al día en noche. Además de la posible explicación psicológica para la ceguera de Nogorigatu, esta inesperada y repentina oscuridad pudo haberse sumado a su confusión y a otros factores, y dejarlo temporalmente ciego.

Después de la lluvia, llegó el viento, la gran «tormenta de fuego», que sopló en dirección al centro de la catástrofe aumentando su intensidad a medida que el aire situado sobre Hiroshima se calentaba cada vez más a causa de los incendios. El viento cobró tal fuerza que arrancó de cuajo árboles de gran tamaño. Nogorigatu, en su descripción, pudo haberse referido a este viento o al que siguió a la explosión. No sabemos cuánto tiempo abarcó su relato del suceso.

Cita de *Hiroshima and Nagasaki Reconsidered,* de Barton J. Bernstein:

Según un estudio británico, los testigos coincidieron en que primero vieron, en el cielo, un destello blanco que les cegó; sintieron, después, una ráfaga de aire y, a continuación, oyeron un fuerte estruendo seguido del ruido de edificios que se resquebrajaban y derrumbaban. Todos hablaron de la oscuridad que descendió sobre la ciudad con la nube de polvo que la cubría. Hombres, mujeres y niños quedaron hechos trizas, y el olor de carne quemada y *el recuerdo de los gritos de agonía perduraron en el tiempo.* Otras personas murieron por la radiación: unos deprisa, otros despacio. La mayoría de los obreros industriales ya se encontraban en su lugar de trabajo, pero muchos otros estaban de camino, y casi todos los niños y algunos empleados realizaban actividades al aire libre. [La cursiva es mía.]

Los supervivientes explicaron el trastorno que sufrieron cuando miraron hacia el centro de la ciudad, una vez se hubieron desvanecido el humo y el polvo. Descubrieron que había desaparecido por completo; reducida a la nada en un instante. Incluso los observadores que, más tarde, sobrevolaron la zona hicieron hincapié en aquella extraña y total devastación, distinta a todo lo que habían visto hasta entonces en bombardeos bélicos.

Según cita de un superviviente:

Vi que Hiroshima había desaparecido. [...] Aquella visión me traumatizó. [...] Lo que sentí entonces y aún hoy en día siento no se puede explicar con palabras. Fue tan grande la impresión que sufrí cuando vi que no quedaba nada de Hiroshima, que, sencillamente, no puedo expresar lo que experimenté. [...] Quedaban en pie unos pocos edificios, pero Hiroshima ya no existía. Sobre todo, esto es lo que sentí, que Hiroshima ya no existía.

Y, según consta en *Hiroshima Diary,* del doctor Hachiya:

Una gran parte de la ciudad era como un desierto, a excepción de montones dispersos de ladrillos y tejas. Tuve que revisar el significado que tenía para mí la palabra destrucción o elegir otra para describir lo que vi. Devastación podría expresarlo mejor, pero la verdad es que no conozco ninguna palabra o palabras que reflejen aquella escena.

El tema que predomina en los relatos de los supervivientes se refiere a los sobrecogedores sentimientos de confusión, abandono y desesperación. También Nogorigatu sintió codas estas emociones. Uno de los hombres que entrevistó Lifton dijo: «Tuve la sensación de que todo el mundo había muerto. Toda la ciudad estaba destruida y pensé que era el fin de Hiroshima..., de Japón ..., de la humanidad.» Tenían la sensación de que el mundo entero se estaba muriendo, de estar inmersos en la muerte.

Estas manifestaciones se parecen mucho a las expresadas por nuestro amigo japonés. Sus emociones y comentarios concuerdan de manera sorprendente con los hechos. La única conclusión a la que puedo llegar es que Katie tuvo que estar allí en persona para poder describirlo con tanta exactitud; además, hay muy poca gente que conozca esos detalles. Sólo podrían conocerlos quienes tuvieran un interés genuino en este tema y, desde luego, no es el caso de una joven con poca escolarización. Para Katie, sólo pensar en aquello le parecía espantoso, de modo que es muy poco probable que hubiera llevado a cabo una investigación por iniciativa propia. Probablemente, habrá quien piense en esto como una posible explicación, pero yo no lo creo así porque, más adelante, la guié en la revisión de 26 vidas y siempre mostró esa increíble facultad de proporcionar detalles. En aquellos momentos, *lo* que Katie quería era averiguar el origen de sus recuerdos y miedos involuntarios, y yo sé que no tenía tiempo ni ganas para dedicarse a la laboriosa investigación que hay que realizar para estudiar este tipo de fenómenos.

El número total de muertes, entre las que ocurrieron al instante y con el paso del tiempo, probablemente no se sabrá nunca y todavía hoy es materia de discusión. Los norteamericanos siempre han dicho que murieron unas 70.000 personas, pero los japoneses no están de acuerdo y opinan que sus cifras son intencionadamente menores que las reales. Según ellos, la ciudad estaba más poblada de lo que piensan los norteamericanos y el 60 % de los habitantes se encontraba en un radio de dos kilómetros del punto cero. Puede ser que la población fuera más numerosa si pensamos en las circunstancias de Nogorigatu repetidas múltiples veces por los que se desplazaban a la ciudad para escapar del hambre y la opresión en las zonas rurales. Los japoneses estiman que la cifra se aproxima más a 200.000 personas, o sea, que más o menos el 50 % de la población diurna de la ciudad murió a causa de la bomba (aunque esta cifra también se discute y varía de 227.000 a cerca de 400.000). Estas cifras incluirían a aquellas personas que normalmente vivían fuera de la ciudad, pero que se desplazaban a ella para trabajar. Otras fuentes de información japonesas opinan que hubo unos 100.000 muertos. También se dice que la destrucción fue tan amplia que toda Hiroshima quedó afectada en el acto. Son tantos los factores que hay que tener en cuenta que la opinión generalizada es que nadie sabrá nunca las cifras verdaderas, y aún hoy continúa la controversia.

Los expertos estadounidenses habían pronosticado unos porcentajes de mortandad menores porque pensaron que la gente utilizaría los refugios antiaéreos. Además, los científicos no esperaban que la radiación alcanzara el suelo en dosis tan letales. Los efectos de la bomba fueron mucho mayores de lo que nadie había imaginado.

Nogorigatu contó que la gente iba de un lado para otro con los brazos extendidos, sin saber a dónde ir, intentando escapar, alejarse del horror. Esta información es cierta. Después de la explosión, miles de personas huyeron a ciegas y sin otro objetivo que salir de la ciudad. Muchos cayeron de los puentes, empujados por la multitud que huía, y se ahogaron en el río. Los que se desplazaron a la ciudad para ver lo que había pasado fueron testigos de este hecho y también de las multitudes que deambulaban para alejarse de la ciudad. Dicen que algunos padecían quemaduras tan graves que tenían la piel ennegrecida; que, más que japoneses, parecían de raza negra y que andaban con los brazos extendidos para no tocarse el cuerpo. Tenían el pelo completamente quemado, y, según la gravedad de las quemaduras, algunos no tenían la capa superficial de la piel; incluso se les había caído la piel de la cara, como si de una máscara se tratara. En otros, la piel de las manos, cara y cuerpo se les caía a tiras y trozos. Esto coincide con lo que Nogorigatu contó sobre sí mismo. Tenía las manos negras y sentía como si no tuviera piel en la cara. Por todas partes había gente en estas condiciones y muchos murieron por las carreteras. Según relato de otros supervivientes, muchas víctimas ya no parecían seres humanos y muchas más caminaban penosamente intentando alejarse de la ciudad. Se les describió como «fantasmas andantes» o «autómatas vagando en un mundo de pesadilla», por lo traumatizados que estaban y lo alejados que se sentían de la realidad. También se dijo que era increíble que gente con quemaduras tan graves pudiera moverse y aún menos andar, pero quizás el choque emocional era tan intenso que hacía posible hechos que, bajo condiciones normales, no ocurrirían.

Después de la explosión, prácticamente no quedaron hospitales, doctores ni personal médico, y fue muy difícil encontrar un lugar donde llevar a los heridos. Según consta en *Hiroshima Diary,* se improvisaron hospitales bajo el armazón quemado de algunas construcciones y otros se acondicionaron en edificios que se habían conservado más o menos intactos por hallarse alejados del centro de explosión.

Casi no había suministros médicos, y los escasos doctores y enfermeras que habían sobrevivido realizaron milagros con lo poco de que disponían. En aquella gran ciudad, en que la mitad de los habitantes eran bajas, sólo había28 doctores con vida. Se amontonó a los enfermos y moribundos en todos los espacios disponibles, pero no se les pudo atender del modo adecuado por falta de suministros, preparación e instalaciones sanitarias. Nunca **había** sucedido nada parecido y los médicos no sabían a lo que se enfrentaban. Lo único que podían hacer era intentar que los pacientes se sintieran lo más cómodos posible y tratar los síntomas; algo prácticamente imposible debido a la aglomeración de pacientes y a las deficientes condiciones sanitarias. El libro *Hiroshima Diary* nos ofrece una impresionante descripción de aquella situación. El personal médico estaba tan confuso y asustado como las víctimas.

Desconocemos lo que, en realidad, mató a Nogorigatu y me sorpl·endió que no muriera en el acto. Probablemente, su muerte se debió a una suma de factores. Sin duda, sus profundas quemaduras iniciales se vieron complicadas por un extraño síntoma que apareció más tarde, mientras los heridos se encontraban en los hospitales improvisados. Se trataba de la destrucción de las células blancas de la sangre debido a los efectos de la radiación, lo cual hizo que las víctimas sangraran por diversas heridas. También padecían muchos otros síntomas de la «enfermedad radiactiva» como vómitos, diarreas y fiebre. Muchos agonizaron durante un tiempo soportando todas estas dolorosas complicaciones y, al final, murieron.

Después de haberme recuperado hubiera deseado formular más preguntas a Nogorigatu, pero tenía que respetar la promesa que hice a Katie de que no volveríamos a revivir aquella escena. Me preguntaba cómo enterraron los cadáveres y más tarde averigüé que incineraron los cuerpos en grandes piras funerarias. Los japoneses suelen incinerar a sus muertos, pero en este caso la razón era distinta: evitar la propagación de enfermedades. Como no hubo tiempo para ceremonias religiosas, los japoneses consideraron aquellos entierro irrespetuosos y totalmente contrarios a sus creencias religiosas, aunque se dieron cuenta de que no había otra solución. A pesar suyo, se acostumbraron al olor de cuerpos quemados que pronto flotó, como un manto, sobre la ciudad en ruinas. EJ cuidado de los enfermos y la supervivencia de los vivos era más importante que la sepultura reverente de los difuntos. Aquello fue, para los supervivientes, una pesadilla real de la que muchos todavía no han despertado, ya que los efectos de la radiación se han transmitido, a través de los genes, de generación en generación hasta el momento actual. 139

# 15. - El final

Una vez más, había viajado en el tiempo y había experimentado la historia en el momento mismo en que se estaba produciendo. A través de los ojos de un testigo, había presenciado uno de los sucesos más espantosos de la época moderna. ¿Es verdad que Katie estuvo allí? ¿Vivió, en realidad, la vida de aquel japonés que ella describió tan minuciosamente? Parece ser que sí, si pensamos en el trastorno que padeció cuando el recuerdo despertó y afloró por primera vez y el alivio que experimentó una vez hubo acabado. ¿De dónde, si no, podían surgir aquellos recuerdos? Desde luego, no procedían de su mente consciente e, indudablemente, tampoco de la mía.

Si una joven moderna se dispusiera a fantasear e inventar una vida pasada, sería lógico suponer que elegiría una en que hubiera romanticismo y emoción, no ese horror tan espantoso.

Quienes no creen en la reencarnación tendrán otras explicaciones para este extraño fenómeno pero ¿es eso realmente importante? Lo que cuenta es que ayudó a Katie, y ella ha madurado mucho a partir de aquella experiencia. También es importante que, por fin, seamos capaces de considerar la guerra desde un punto de vista distinto. Por supuesto que ésta es la perspectiva de alguien que vivió los acontecimientos; otras personas pueden tener opiniones distintas. Durante la guerra, yo era una niña, y soy consciente de que mis recuerdos son distintos a los que pueda tener un adulto o alguien que participó en aquella contienda, pero ¿acaso por esto son menos ciertos? Todos apreciamos la realidad desde nuestro propio punto de vista.

La propaganda que recibíamos aquellos días nos había convencido de que los japoneses eran monstruos terribles sin alma. Ellos eran el enemigo y entonces estábamos tan condicionados que ni siquiera se nos habría ocurrido la posibilidad de que la gente corriente de aquel país se sintiera como nosotros: confusos y asustados. Nosotros creíamos que ellos eran unos monstruos y ellos creían que los monstruos éramos nosotros. En realidad, ninguno de los dos era un monstruo y, sin embargo, todos lo éramos.

Nogorigatu nos ofrece la conmovedora historia del desamparo del japonés medio atrapado en una situación bélica que ni deseaba ni comprendía. Como todos, lo único que quería era que su vida continuara como hasta entonces. Quienes ansiaban poder e influencia en el mundo eran los militares que formaban parte del Gobierno. Este relato pone de relieve el hecho, totalmente verídico, de que son los gobiernos, y no la gente, quienes inician las guerras, y que los inocentes son quienes más sufren, quienes pierden sus hogares y sus familias en la locura que prevale- ce. A menudo ellos son los peones de los poderosos, pero si dependiera de los individuos, las guerras no existirían. De este relato deduzco que éstos son los sentimientos de la gente corriente de todo el mundo.

Todavía hay quien sostiene que, como ellos iniciaron la guerra con el bombardeo de Pearl Harbor, se merecían todo lo que les ocurrió, pero ¿quiénes son «ellos»? Por medio de esta regresión, les hemos despojado de su manto de invisibilidad. «Ellos» se convierten en seres humanos, en gente; «ellos» son Nogorigatu, su esposa, sus hijos y sus nietos. En esto reside la injusticia de las guerras desde que el tiempo es tiempo.

Medité largo y tendido sobre la posibilidad de escribir este libro. Eran pocos los que habían querido investigar sobre la bomba. ¿Quería yo realmente abrir aquella «lata de gusanos»? ¿De verdad quería levantar un espejo para que la humanidad se mirara, larga y profusamente, a sí misma? Quizá fuera mejor dejar que «el gigante dormido no despertara». Pero también es posible que ése fuera el motivo de aquel testimonio: abrir la lata, por medio de un planteamiento tan poco habitual, y colocarla en la puerta de nuestra casa para que miremos en su interior y nos aseguremos de que no volverá a pasar.

No cabe duda de que la controversia sobre si actuamos bien o mal, si tuvimos en cuenta todos los factores, continuará en el tiempo. El asunto, examinado en su totalidad, es muy complejo. Después de luchar por todo el planeta durante cinco años, queríamos que la guerra terminara y que nuestros hombres volvieran a casa para intentar rehacer sus vidas quebradas por el conflicto.

No podíamos simpatizar con el enemigo. Para que la gente pueda participar en una guerra y matar a otras personas, el enemigo debe figurar claramente definido; de no ser así, las guerras no podrían existir. Tiene que haber malvados anónimo o monstruos sin corazón, porque si llegáramos a conocer al enemigo como a seres humanos, no podríamos luchar contra ellos. Nogorigatu dejó esto bien claro en su relato.

Cuando empecé, no sabía que iba a destapar una historia relacionada directamente con la vida de Nogorigatu pero todavía más poderosa. Si no hubiera llevado a cabo mi investigación obre el bombardeo de Hiroshima para verificar la regresión de Katie, no habría descubierto la cuestión de fondo. Quizá no sea siempre una buena idea volver al pasado para desvelar la verdad sobre nuestra historia porque puede que tengamos que enfrentarnos a la dura realidad de lo que verdaderamente sucedió y esto no siempre resulta ser lo más fácil. Reconozco que no me corresponde a mí emitir un juicio puesto que no soy más que una «narradora», una «investigadora» que siente la obligación moral de contar lo que ha descubierto. Dejemos que los demás determinen las causas y los objetivos.

La información está disponible para todo aquel que tenga interés en investigar; no está escondida. Quizás otros intentaron contar la verdad con anterioridad, pero estábamos demasiado ensimismados en nuestros asuntos y no les escuchamos. Para mí, nunca tuvo mucho significado hasta que Katie revivió con tanta intensidad los recuerdos de Nogorigatu.

Cuando Nogorigatu contó que apostaban soldados en las zonas rurales para mantener a raya a los «disidentes», quedó patente la poca popularidad que tenía aquella guerra entre los japoneses. El Gobierno debía temer que la inquietud y malestar del pueblo pudieran dar origen a una revolución o guerra civil. *Si* alguien expresaba su desacuerdo, lo mataban. Ésta era la manera más fácil de poner fin a una rebelión antes de que empezara. La gente se estaba muriendo de hambre y el dinero había perdido su valor. Los periódicos anunciaron que Japón estaba dispuesto a enviar hasta el último hombre en defensa de su Emperador y su territorio sin embargo, yo no creo que fuera así. Bastantes problemas tenían los japoneses con mantener e vivos; puede que hubieran luchado para proteger a sus familias, pero el resultado habría sido un estado de confusión general. Nogorigatu dijo que, para él, el auténtico enemigo era el gobierno y los soldados; ellos eran los causantes de sus desgracias.

Esto nos lleva a la cuestión de si *realmente fue necesario arrojar La bomba atómica*. En mi opinión, por lo que he aprendido en esta regresión, no fue necesario puesto que Japón se estaba derrumbando internamente y no podía haber resistido durante mucho tiempo más. Algunas personas se preguntan: «¿Cómo podía nuestro Gobierno saber las condiciones en que se encontraba Japón internamente?» ¿Teníamos espías dentro del país que enviaban información a Washington? Antes de iniciar la investigación, yo desconocía las respuestas, aunque para dar al Gobierno el beneficio de la duda, me gustaba pensar que ignorábamos lo que, de verdad, sucedía.

Lo que averigüé, me dejó un amargo sabor de boca. Nosotros *conocíamos* las condiciones en que se encontraba Japón, sabíamos que estaba de rodillas, y también *sabíamos* que Japón tenía la intención de rendirse aquel verano de 1945. Con todo, por diversas y complicadas razones políticas, decidimos lanzar la bomba.

Todavía nos consideramos el país más grande del mundo, pero no somos mejores que nuestros líderes. Ellos no son más que seres humanos y, como tales, son capaces de cometer errores. En 1939, unos científicos que habían huido de Europa comunicaron al presidente Roosevelt su sospecha de que Alemania estaba desarrollando armas atómicas. Anteriormente, la Marina estadounidense había llevado a cabo algunos experimentos con átomos, pero aquel año, el presidente instó a los científicos a iniciar las investigaciones. En aquella época, se suponía que éramos un país pacífico que intentaba mantenerse al margen de la amenaza de guerra que se cernía sobre Europa. En octubre de 1941, Roosevelt decidió no escatimar esfuerzos en explorar las posibilidades de utilizar la energía atómica con fines militares. La intención original era utilizar la futura arma contra Alemania. El proyecto se inició con la reserva más absoluta y, posiblemente, fue el secreto mejor guardado de nuestro tiempo, puesto que sólo un puñado de estadounidenses sabían lo que estaba pasando. El dinero para financiar el proyecto provenía de fondos especiales ocultos, de modo que ni siquiera el Congreso tenía la más ligera idea de lo que estaba ocurriendo. Mientras duró el proyecto, Roosevelt se mantuvo en constante contacto con los científicos que lo desarrollaron y estuvo pendiente de su trabajo durante seis años. Antes de su fabricación, la bomba ya había costado la impresionante cifra de dos mil millones de dólares, una suma enorme de dinero incluso antes de la inflación actual.

Roosevelt nunca confió por completo en los soviéticos y, a finales de 1942, pensó que la bomba podría jugar un papel crítico en sus relaciones tanto como arma militar en tiempos de guerra, como arma diplomática en tiempos de paz. Ésta es la razón de que no les informara sobre aquel proyecto, aunque Churchill í que estaba al corriente.

Sin embargo, Roosevelt moriría sin llegar a ver el resultado final de los experimentos que había iniciado. Falleció de una hemorragia cerebral en abril de 1945, y el vicepresidente Harry S. Truman ocupó su lugar. Una hora después de haber jurado el cargo, Truman fue informado por primera vez de la sobrecogedora responsabilidad que le había tocado asumir. Me pregunto qué debió sentir cuando, tras ser nombrado presidente bajo circunstancias poco favorables, se vio empujado a aquella situación. Él sabía que había heredado la responsabilidad de acabar la guerra, pero hasta ese momento Truman no sabía nada de los experimentos atómicos.

Roosevelt dispuso de varios años para tomar una decisión y planificar una estrategia con respecto a la bomba. Tuvo la terrible responsabilidad de tomar esas importantes decisiones en tiempo de guerra, sin modelos históricos ni precedentes que le guiaran. Quizá · esos problemas aceleraron su muerte. A Truman le echaron de golpe todo aquel asunto sobre los hombros y sólo dispuso de unos meses para asimilar las terribles implicaciones de su inminente decisión. Sólo contaba con la opinión de su consejeros. Cuando llega el momento de la verdad, el presidente goza de menos libertad que ningún otro ciudadano norteamericano; sus opiniones están sujetas a los consejos de muchas otras personas, aunque en el momento de tomar la decisión final, él tiene la última palabra. Truman siempre decía: «Hasta aquí hemos llegado.» ¿Tomó la decisión correcta? ¿Habríamos actuado nosotros de forma distinta si nos hubiéramos encontrado de repente en una situación tan poco envidiable?

La principal preocupación no era Alemania ni Japón. Se informó a Truman de que si teníamos la bomba y hacía-os una demostración, los soviéticos serían más manejables en el futuro.

Cuando el Presidente se puso al día de la cuestión atómica, el secretario para la guerra, Henry Stimson, le apremió para que nombrara un Comité Asesor. Se discutió mucho sobre la opinión que despertaría en generaciones futura el uso que Norteamérica hiciera de aquella arma revolucionaria. También hubo grandes discrepancias en cuanto a si podía evitarse el lanzamiento de la bomba. Algunos científicos deseaban que la investigación no diera resultados. Aun así, Roosevelt había iniciado el proyecto y Truman nunca dudó de que debía continuar aquel legado, de modo que aceptó los consejos de los asesores de Roosevelt. Todos los planes estaban en marcha y los detalles habían **sido ultimados.** Lo único que tenía que hacer Truman era llevarlo a cabo. ¿Es posible que, después de tantos años de experimentos secretos el Gobierno no quisiera que sus esfuerzos se colaran por el desagüe sin haber probado el producto final? Mientras avanzaba la fabricación de la bomba, la guerra en Europa se detenía y llegaba a su fin con la victoria de los Aliados el 8 de mayo de 1945. El tiempo se acababa. Sólo quedaba un lugar para probar el costoso experimento, pero tenían que darse prisa antes de que también terminara la guerra en Japón. Una vez acaba- da la guerra, ¿cuándo iban a tener otra ocasión para experimentar la bomba? Quizá nunca más se presentara esa preciada oportunidad. ¿Constituyó el lanzamiento de la bomba la prueba final de un experimento científico en el que *los* japoneses fueron los desafortunados conejillos de indias? ¿Tenía Truman tanto miedo de la creciente amenaza que representaban los rusos, que quiso someterlos con una exhibición de la poderosa arma que poseíamos?

Por razones humanitarias los científicos que formaban parte del comité sugirieron la posibilidad de hacer una demostración de la bomba delante de observadores extranjeros. Aquella demostración del poder de la bomba, ¿persuadiría a los japoneses para que se rindieran? También se consideró la posibilidad de advertir a los japoneses sobre la increíble potencia de la nueva arma y dejarla caer, sólo si no se rendían pasados varios días. ¿Serían suficientes los avisos y las invitaciones a presenciar la demostración? Los otros países no tenían nada con qué comparar aquella arma; seguramente pensarían que sólo se trataba de propaganda e ignorarían el aviso. Si ocurría así perderíamos el factor sorpresa de la bomba.

Los asesores militares ignoraban la investigación atómica que se estaba desarrollando y seguían elaborando planes a largo plazo para finalizar la guerra con Japón. Ahora que la campaña en Europa había concluido podían volcar toda su atención en la del Pacífico. Idearon el proyecto OLYMPIC, la primera incursión en la principal isla japonesa en la que participarían 42 portaaviones, 24 acorazados, 212 destructores y 183 buques escolta. El día D, desembarcarían seis divisiones de infantería y al día siguiente, tres más, mientras que otras cuatro quedarían en reserva. En total, habría unos 750.000 hombres. Esperando mar adentro habría doce buques hospital que podrían evacuar hasta 30.000 heridos a hospitales de las Filipinas, las Marianas y Okinawa, donde dispondrían de 54.000 camas más. Es evidente que esperaban encontrar una gran oposición. En todas las cabezas de playa habría un vehículo anfibio cargado con sangre para transfusiones. Se suponía que los japoneses habían emplazado artillería pesada y campos de minas en todas las posibles playas de desembarco. Esperábamos encontrarnos con tácticas y sistemas de defensa parecidos a los que hubo en Okinawa, donde se perdieron muchas vidas norteamericanas.

La estrategia militar consistía, en primer lugar, en intensificar los bombardeos aéreos sobre Japón; y luego, si en noviembre de 1945 Japón no se había rendido, iniciar el plan OLYMPIC en el sur del país. El siguiente paso sería el desembarco en el llano de Tokio en la primavera de 1946. Éstos son los planes que Truman seguiría si la bomba atómica no estaba finalizada antes de esas fechas o si algo salía mal en el experimento.

En marzo de 1945 se inició el bombardeo masivo de civiles en Japón, práctica que se había convertido en habitual en Europa

145

durante la Segunda Guerra Mundial. El 9 de marzo, aviones que volaban a sólo 1,5 kilómetros de altura dejaron caer 2.000 toneladas de bombas incendiarias sobre Tokio, que estalló en llamas. Ese día murieron 78.000 japoneses. Este tipo de bombardeos se aceptaba como práctica común en tiempos de guerra y para algunos jefes militares era difícil creer que hubiera un arma nueva menos ética que el TNT o las bombas incendiarias. Consideraban que Japón era una nación deshecha y sitiada.

Los preparativos para el proyecto OLYMPIC continuaban y, para los que, desde Washington, deseaban alcanzar la paz sin tener que invadir Japón, el tiempo se agotaba. Truman quería asegurarse de que no había más alternativas antes de ordenar la puesta en marcha del plan OLYMPIC. Si había otra salida, no quería iniciar una invasión que podía terminar con bajas de varios cientos de miles de norteamericanos. El ministro para la guerra Stimson, después de consultar con otros expertos, informó que, con los bombardeos aéreos y navales y el bloqueo a que estaba siendo sometida, podían conseguir que Japón se rindiera sin necesidad de invadir su territorio; en su opinión, podían intensificar esas tácticas, contando, además, con que tenían en el bolsillo la nueva arma secreta que no tardaría en estar preparada. Temía que, si desembarcábamos en Japón, se perderían muchas vidas porque Japón estaba dispuesto a enviar a la lucha hasta el último hombre. El presidente se preguntaba si la bomba pondría fin a la guerra con rapidez para evitar más pérdidas de vidas norteamericanas.

Aunque no era del dominio público, en aquella época había una gran polémica sobre la utilización de la bomba. Hap Arnold, jefe de las Fuerzas Aéreas, estaba convencido de que, sólo con las incursiones de bombardeos convencionales, ya conseguiríamos la victoria. Sus asesores estaban convencidos de que los bombardeos, junto con el bloqueo, habían puesto al imperio nipón de rodillas; que Japón tenía escasez de gas y petróleo y que casi todas sus fábricas habían sido destruidas. Arnold no creía que la invasión OLYMPIC ni la explosión de la bomba atómica fueran necesarias para lograr la derrota de los japoneses.

El 12 de julio se llevó a cabo un sondeo entre 150 científicos del Laboratorio de Metafísica de Chicago, sobre la utilización que debía darse a la bomba. La mayoría decidieron que lo mejor sería realizar una demostración militar en un área remota de Japón, ofreciéndoles la oportunidad de rendirse antes de utilizar el arma con todo su potencial. Otros eran partidarios de una demostración en un área apartada, como Nuevo México o una isla deshabitada, con la asistencia de representantes de Japón. Sin embargo, los argumentos y reticencias de los científicos tuvieron poca influencia en la política de los altos mandos. Ninguna de estas alternativas parecía realista o viable, de modo que el informe final del Comité Asesor sugirió lanzar la bomba sobre Japón lo antes posible y sin previo aviso. Truman siguió su consejo. Se ha dicho que Truman no quiso avisar a los japoneses porque ellos no nos avisaron a nosotros, de modo que ésta sería su revancha por el ataque sorpresa a Pearl Harbor y también un acto disciplinario por los malos tratos infligidos a los prisioneros de guerra. El comité propuso como blanco unas instalaciones militares y las casas y edificios de los alrededores para poder mostrar el máximo alcance de explosión. Eran totalmente conscientes de que muchos civiles perderían la vida y Truman así lo reconoció, pero decidió actuar porque los japoneses no se rendían y la primera prueba de la bomba en territorio de Nuevo México había resultado un éxito.

Los servicios de inteligencia empezaron a estudiar los mapas de objetivos. La elección era limitada. Todos estaban de acuerdo en que, para efectuar el máximo impacto, la bomba atómica debía explotar sobre una ciudad relativamente intacta. Los bombardeos de los B-29 ya habían reducido a escombros cientos de kilómetros cuadrados de territorio urbano japonés. Los daños eran tan cuantiosos que temían no encontrar un blanco adecuado sobre el que demostrar la fuerza de la bomba. Éste era un aspecto primordial para convencer al Gobierno japonés de la gravedad de la situación y también para mostrar a Rusia nuestro potencial militar. Como Hiroshima era una de las pocas ciudades que quedaban intactas, la elección era lógica. También se creía que era la única gran ciudad de Japón que no tenía un campo de prisioneros de guerra. Las otras ciudades de la lista habían sufrido ataques continuados, excepto Kokura, pero en ésta había hasta cuatro campos de prisioneros de guerra. Tras muchas presiones, Kyoto fue borrada de la lista porque había muchos santuarios religiosos. Cuando se aprobó la lista, se ordenó que los posibles blancos no fueran bombardeados en las incursiones regulares a fin de reservarlos para la prueba.

En aquella época, se lanzaban folletos sobre Japón con las listas de ciudades que iban a ser bombardeadas. A continuación reproduzco el texto de esos impresos:

Atención japoneses: Leed esto con atenc10n porque puede salvaros la vida o la de un familiar o amigo.

Durante los próximos días, las bombas norteamericanas destruirán las instalaciones militares de cuatro o más ciudades de las que aparecen en el reverso de este folleto. En esas ciudades hay instalaciones militares y talleres o fábricas que producen equipos militares.

Estamos decididos a destruir todas las herramientas que esa cuadrilla de militares utiliza para prolongar esta guerra inútil. Pero, por desgracia, las bombas no tienen ojos; y consecuente con la conocida política humanitaria norteamericana, las Fuerzas Aéreas estadounidenses, que no desean herir a personas inocentes, os avisan para que evacuéis las ciudades que aparecen en la lista y salvéis la vida.

Estados Unidos no lucha contra el pueblo japonés, sino contra la cuadrilla militar que os ha esclavizado. La paz que Estados Unidos os brinda os librará de la opresión de la cuadrilla militar y supondrá el nacimiento de un Japón nuevo y mejor.

Si exigís unos líderes buenos y distintos que quieran acabar con esta guerra, podréis restaurar la paz.

No podemos prometeros que sólo estas ciudades vayan a -ser bombardeadas, pero al menos cuatro de ellas sí que lo serán, de modo que tened en cuenta este aviso y evacuad esas ciudades de inmediato.

Hiroshima no aparecía en la lista de ciudades de los folletos.

Lanzar folletos era una práctica sin precedentes en la historia. Ningún país había hecho algo parecido en tiempos de guerra y algunos jefes militares criticaron la acción por considerar que convertiría a nuestros aviones en blanco fácil del enemigo. No obstante, cuando los B-29 bombardearon Tokio y otras ciudades grandes con bombas incendiarias, no encontraron oposición alguna. Ningún avión voló a su encuentro y hubo poco fuego antiaéreo. Nogorigatu dijo que era casi como un juego, como si los artilleros ni siquiera intentaran derribar a los aviones, sino efectuar unos cuantos disparos y luego dejarlo correr. Aunque al principio los japoneses pensaran que los folletos no eran más que propaganda, cuando los bombardeos se hicieron realidad, sería lógico suponer que se habrían tomado en serio las advertencias, pero los norteamericanos incendiamos y destruimos ciudades enteras sin encontrar apenas oposición. Era extraño, pero yo creo que se trataba del reflejo de un país condenado y moribundo en sus últimos estertores. Ahora sabemos que había gran escasez de municiones en Japón. Según cita de

Japón, desesperadamente necesitado de material bélico, no malgastaba combustible ni municiones en aviones de observación que volaban a gran altura.

Los folletos se lanzaron por razones humanitarias, pero nunca se mencionó la bomba atómica ni un arma especial, y aunque se echaron cientos de miles de esos folletos y se advirtió a la gente de que abandonaran aquellas ciudades, por lo visto no llegaron a manos de demasiadas personas. En su libro *Death in Life,* Lifton dice que, en sus entrevistas, sólo encontró una persona que hubiera visto aquellos folletos. Aquel testigo había cogido uno de los folletos del suelo cuando era niño y lo había enseñado a sus padres, pero éstos lo descartaron como mera propaganda.

La cuestión de los folletos me intrigaba porque había oído que lanzamos folletos sobre Hiroshima antes de lanzar la bomba, pero por las informaciones de la prensa he averiguado que no fue así. Se nos ha criticado que no pusiéramos en práctica las mismas inquietudes humanitarias hacia Hiroshima que hacia otras ciudades bombardeadas.

La semana antes del bombardeo nuclear, escuadrones de B-29 realizaron ataques diarios a la principal isla japonesa. Allí lanzaron miles de bombas y las ciudades quedaron reducidas a escombros. Yo creo sinceramente que si los B-29 hubieran continuado con regularidad sus incursiones sobre las ciudades japonesas, la guerra habría acabado rápidamente. ¿Qué país habría resistido tanta presión? El bloqueo naval había cortado las rutas de aprovisionamiento y, por nuestra historia, sabemos que ya había escasez de alimentos. El Gobierno japonés tenía conocimiento de que sus Fuerzas Armadas no disponían de suficiente combustible desde hacía casi un año.

Según consta en *No High Ground:*

Ya en el otoño de 1944, la Marina (japonesa) estaba tan apurada que algunos de los buques de guerra que perdieron en la batalla del mar de Filipinas no habrían podido volver a sus puertos de origen aunque hubieran escapado a las bombas y torpedos norteamericanos.

La Armada japonesa estaba fabricando carcasas de proyectiles con pobres sustitutos de metal: ya no quedaba más cobre. El país había agotado todas sus reservas de metal y equipaba a los soldados con balas y lanzas de bambú para rechazar la

149

invasión que esperaban. Cuando los soldados se iban de permiso a visitar a sus familias, tenían la consigna de reunir todo el metal que encontraran para fundirlo y fabricar proyectiles. Las lanzas de bambú iban a ser la principal arma de los Cuerpos de Lucha de Voluntarios Nacionales, una especie de defensa casera como de última trinchera para la que todos los hombres serían movilizados en breve. Me preguntaba si aquello iba a ser más «voluntario» que el reclutamiento forzoso de los hombres, el trabajo de las mujeres en las fábricas, o la ayuda de los niños en el derribo de casas para construir cortafuegos.

Prepararon la defensa en la costa de punta a punta, pero, en general, se limitaban a colocar alambre de espino porque quedaba poco cemento para construir fortificaciones. La lucha se efectuaría desde cuevas en las montañas porque no tenían medios para defender las playas. Finalmente, como última alternativa, la Marina había adoptado la táctica *kamikaze* de las Fuerzas Aéreas. En julio, cargaron con explosivos 700 embarcaciones de pequeño tamaño para travesías sólo de ida, con la intención de utilizarlas contra las flotas de invasión estadounidenses. También la propaganda, que exhortaba a la gente a que estuvieran pre- parados para «morir con honor», reflejaba lo desesperado de la situación.

Mirar hacia el pasado es muy revelador. Desde aquel momento de la historia, tenemos acceso a información de ambos bandos.

En mis investigaciones descubrí otro hecho inquietante. Ya en julio de 1945, Japón buscaba la manera de rendirse. No era una decisión unánime, pues todavía quedaban algunos reductos inflexibles entre los líderes militares, pero los dirigentes japoneses querían poner fin a la guerra antes de que su país sufriera una devastación total. Un intermediario portador de una propuesta de rendición japonesa se puso en contacto con Allen W. Dulles, supervisor de operaciones estratégicas en la Alemania conquistada. Al mismo tiempo, Japón intentaba que oficiales rusos actuaran también de intermediarios, pero los rusos no deseaban colaborar y no transmitieron los mensajes. Ahora sabemos que Rusia estaba a la espera y que no quería comprometerse con ninguno de los dos bandos. Un escritor dijo que habían retrasado su participación en la guerra del Pacífico hasta que los norteamericanos hubiéramos realizado todo el «trabajo sucio». Esperaban a decidir en qué lado iban a conseguir el mejor botín de guerra. Rusia declaró oficialmente la guerra a Japón el día *después* del lanzamiento de la bomba atómica, de modo que estas acusaciones probablemente sean ciertas.

El Emperador mismo presionaba para que los rusos actuaran de intermediarios de la rendición pues deseaba librar a su pueblo del sufrimiento y quería que la guerra ter- minara lo antes posible. Él nunca fue partidario de aquella guerra iniciada por la facción militar de su gobierno. En julio de 1945, el Emperador envió un mensajero especial a Moscú para pedir ayuda a los rusos e incluso les prometió concesiones sobre determinadas propiedades si accedían a intervenir, pero los rusos rehusaron recibir al enviado y se marcharon a la Conferencia de Potsdam. Los japoneses no sabían que los rusos no estaban interesados en ayudar a un perdedor.

Según consta en *The Atomic Bomb and the End of World War II*, de Herbert Feis:

Su confianza, hasta el último momento, en la buena voluntad de los rusos fue una de las principales causas de la tragedia final japonesa.

La principal condición puesta por los japoneses para su rendición era que el Emperador pudiera continuar como jefe de gobierno. Esto era muy importante para ellos porque, además de dirigente lo consideraban un dios. Japón insistía en que no podían acceder a una rendición incondicional a menos que se incluyera esta importante concesión. Sin este acuerdo, no tendrían más alternativa que enviar hasta el último hombre en un esfuerzo supremo.

Habrá quien piense que seguramente los norteamericanos ignorábamos estos intentos de rendición y que, por lo tanto, no fue culpa nuestra, pero lo cierto es que *sí* los conocíamos. Hacía tiempo que habíamos descifrado los códigos japoneses, así que interceptábamos y controlábamos sus mensajes. Nuestro gobierno era totalmente consciente de que los japoneses intentaban rendirse y que la cuestión del Emperador era el aspecto más importante. Estos hechos se mencionan incluso en el *New York Times* en julio de 1945. Muchos dirigentes norteamericanos estaban a favor de permitir que el Emperador continuara como jefe de la nación; pensaban que, de este modo, los ejércitos dispersos obedecerían la orden de rendición y que la transición del país a un estado de paz sería más sencilla.

Uno de nuestros dirigentes creía que el Gobierno japonés buscaba una excusa para rendirse y sugirió que representantes de ambos países se reunieran en algún lugar de la costa de China para tratar estas cuestiones.

El 16 de julio se realizó el primer ensayo de la bomba atómica cerca de Alamogordo, en Nuevo México. Fue un gran éxito e incluso pulverizó la torre de unos tres kilómetros de altura que la sostenía, pero se insistió en que la prueba final tenía que ser una «prueba de combate». Los efectos de la explosión sobre una ciudad poblada y la radiación que emitiría todavía no se conocían y eran objeto de teorías y especulaciones. Durante los experimentos, hubo un momento en que los científicos incluso temieron que la explosión de una bomba atómica inflamara el nitrógeno del aire y el hidrógeno de los océanos y destruyera la Tierra. Posteriores cálculos apaciguaron sus temores, pero esto nos demuestra la incertidumbre que existía con respecto a los posibles efectos de la bomba. Nadie en la faz de la Tierra lo sabía con exactitud. Nadie podía saber que surgiría una nueva enfermedad, la enfermedad provocada por la radiación, cuyos efectos completos no podrían establecerse hasta pasadas varias generaciones.

Cuando por fin se informó al general Dwight D. Eisenhower sobre la existencia de la bomba, éste manifestó su deseo de que no tuviera que utilizarse porque detestaba la idea de que los norteamericanos fuéramos los primeros en emplear un arma con un potencial de destrucción y muerte tan increíble. En aquel momento eran seis los mandos militares estadounidenses que habían expresado sus reservas en utilizar la bomba, pero fueron superados por una veintena de influyentes consejeros de la Casa Blanca, el Comité Asesor de Truman y muchos científicos relevantes.

Nagasaki se añadió a la lista aunque no se la considerara un objetivo ideal: estaba situada en terreno montañoso, inadecuado para una perfecta demostración del poder de la bomba, y ya había sido blanco de bombardeos convencionales. Ciertas fotografías demostraban que había un campo de prisioneros de guerra a unos dos kilómetros al norte del centro de Nagasaki. El Ministerio para la Guerra dijo que daba lo mismo porque había campos de prisioneros en casi todas las ciudades importantes de Japón.

Era muy importante que el lanzamiento se efectuara visualmente para localizar el objetivo específico en cada una de las ciudades de la lista.

El 26 de julio se envió a Japón otro ultimátum en el que se les exhortaba a rendirse sin condiciones o enfrentarse a una «destrucción total e inmediata». No se hizo mención alguna de la bomba atómica. El ministro para la guerra Stimson insistió en que se incluyera en el ultimátum una declaración conforme el Emperador no correría peligro y que podrían continuar con aquella forma de gobierno si éste era el deseo del pueblo, pero no se le hizo caso y esta cuestión no formó parte del mensaje. ¿Porqué? Al fin y al cabo, al final de la guerra, se les concedió este requisito. La reacción de Japón fue inmediata: no podían aceptar el ultimátum porque no se mencionaba cuál sería la situación del Emperador en el futuro. Resulta extraño cómo los pequeños de- talles, a menudo, determinan el desarrollo de la historia. Aquélla fue la última oportunidad de Japón, y Truman no dijo nada más hasta el lanzamiento de la bomba.

Durante la Conferencia de Potsdam, Stalin habló con Truman de las propuestas de mediación de los japoneses y le dijo que, en su opinión, los términos de la rendición eran «demasiado vagos». Por lo que dijo Stalin y porque pensó que los japoneses habían rechazado por completo el ultimátum, Trumao decidió seguir adelante con los planes para lanzar la bomba atómica. Simples equívocos por parte de todos los implicados se combinaron para asestar el golpe mortal a Japón.

El *Enola Gay,* el B-29 que había sido elegido para soltar la primera bomba atómica, estaba en la isla Tinian, y los planes para *el* ataque continuaban. Siete aviones participarían en la ofensiva. Tres de ellos despegarían primero y sobrevolarían las tres ciudades elegidas para informar sobre las condiciones atmosféricas. Como la bomba tenía que lanzarse por medios visuales, era imprescindible que hiciera buen tiempo. Otros dos B-29 escoltarían al *Enola Gay,* pilotado por el comandante Tibbets, hasta el blanco. Uno de ellos transportaría científicos con instrumentos para medir la explosión, y el otro, cámaras de filmar. El avión número siete volaría hasta Iwo Jima, a menos de medio camino, y esperaría allí para transportar la bomba en caso de que el avión de Tibbets sufriera una avería.

En Hiroshima, el blanco estaba cerca del cuartel general del Segundo Cuerpo del Ejército, pero se preveía que los daños afectarían a casi toda la ciudad menos la zona del puerro. Esto destruiría muchas de las fábricas que se encontraban en la zona escogida. La explosión tendría lugar en el aire, a unos 0,5 kilómetros del suelo. Los científicos creían que esto reduciría la radiactividad a un mínimo, pero no estaban seguros y ordenaron que ningún avión aliado se encontrara en un radio de unos ochenta kilómetros.

Los asesores militares de Truman le comunicaron que la bomba posiblemente mataría sólo a unas veinte mil personas, porque suponían que la gente utilizaría los refugios antiaéreos. No podían saber que la gente no se protegería porque habíamos amenazado demasiadas veces con que
«venía el lobo». Tampoco podían prever que aquella mañana no sonaría la alarma y que la mayoría de los habitantes estarían en las calles.

A las 7.09 de la mañana, el *Straight Flush,* el avión meteorológico, sobrevoló las afueras de Hiroshima al mismo tiempo que los otros aviones meteorológicos sobrevolaban las otras ciudades objetivo. A las 7.25 de la mañana, el avión dio un giro completo y volvió a cruzar la ciudad en sentido contrario y en dirección al mar. La única alarma antiaérea que sonó fue cuando este avión sobrevoló la ciudad.

Según cita de *No High Ground:*

Ningún caza japonés despegó para hacerle frente y las escasas ráfagas de fuego antiaéreo hicieron explosión, sin causar daños, a unos tres kilómetros por debajo del avión.

Esto mismo dijo Nogorigatu sobre las defensas de la ciudad.

Todas las ciudades de la lista disfrutaban de condiciones atmosféricas favorables, pero Tibbets decidió atacar Hiroshima. De todos modos, era la primera de la lista porque, de los tres objetivos, era la que se mantenía más intacta. Cuando se tomó la decisión, el *Enola Gay* sobrevolaba la principal isla japonesa. Hasta ese momento, nadie sabía qué ciudad iba a ser elegida para este dudoso honor. No quedaba tiempo para avisos de ningún tipo. El *Enola Gay* tampoco encontró oposición ni fuego antiaéreo mientras sobrevolaba la ciudad. A las 8.15 de la mañana, se soltó la bomba y los aviones tuvieron que girar en redondo y alejarse a toda prisa. Al mismo tiempo, los demás aviones lanzaron paquetes con instrumentos y cámaras, que descendieron en paracaídas.

Más tarde se anunció que los daños visibles provoca- dos por la bomba fueron mayores de lo que ninguna prueba podía haber anticipado. Varios factores se combinaron por el azar y produjeron una devastación mayor de la esperada. En primer lugar, la hora de la explosión tuvo gran importancia. Por toda Hiroshima, miles de braseros de carbón, que se utilizaban para cocinar en casi todos los hogares, estaban llenos de brasas después de preparar el desayuno. La imponente onda expansiva que siguió a la explosión volcó esos braseros y contribuyó al enorme incendio que se extendió más allá del área de explosión original y destruyó las viviendas de papel y madera. En segundo lugar, la señal de «fuera de peligro» había sonado después de que el *Straight Flush* se dirigiera al mar, y los ciudadanos estaban camino de sus lugares de trabajo. Cuando el *Enola Gay* sobrevoló la ciudad con su carga mortal no se oyó ninguna señal de aviso. Es un hecho que antes, y en muchas ocasiones, pequeñas formaciones de aviones habían sobrevolado la ciudad sin soltar ninguna bomba, de modo que los habitantes no se alarmaron. En opinión de los científicos, éstos son algunos de los factores que contribuyeron a que el número de bajas fuera mayor. Y también la radiación, que alcanzó el suelo en dosis mucho más mortíferas de lo que esperaban los científicos, contribuyó a que la bomba fuera inesperadamente letal.

Cuando los dirigentes de Japón averiguaron lo sucedido, se convencieron de que si EE.UU. poseía la bomba atómica, la guerra había terminado. Esto les proporcionaba una buena excusa para acabar la guerra sin «quedar mal». No tendrían que culpar a los militares, la industria ni a nadie más..., sólo a la bomba atómica. Ésta les ofrecía una excelente salida a la confusión que habían creado, aunque los militares no se convencieron tan fácilmente y, en la emisión de las noticias, le quitaron importancia. Querían estar seguros de que se trataba de una bomba atómica y no de una inmensa bomba convencional. Rechazaron rotundamente la posibilidad de rendirse hasta haber llevado a cabo una investigación en Hiroshima y exigieron que se contara la verdad al pueblo lo más tarde posible. Se instó a los japoneses a que continuaran luchando por su Emperador; pero los habitantes de Hiroshima, si podían sobreponerse a su dolor en aquel segundo día de la era atómica, estaban más interesados en encontrar a sus seres queridos que en luchar por su líder. Cuando los primeros observadores llegaron al lugar de la catástrofe informaron que nunca antes se había visto destrucción semejante en tiempos de guerra. Una vez convencidos, los japoneses quisieron rendirse con urgencia y se elaboraron los planes con rapidez, pero era demasiado tarde, porque la llamada de la muerte ya había sonado para Nagasaki.

Truman había prometido destruir la mayor parte de Japón si los dirigentes no se rendían y había advertido que «podían esperar una lluvia de destrucción desde el aire como no había ocurrido nunca en la Tierra hasta entonces». Sólo tres días después del bombardeo de Hiroshima se dejó caer otra bomba en Nagasaki. Ésta provocó 40.000 muertos y 60.000 heridos, y destruyó un campo de prisioneros de guerra en el que fallecieron, al menos, 16 de los nuestros. No obstante, si el lanzamiento del bombardero se hubiera desviado unos cinco kilómetros al sur, habría destruido un campo de prisioneros mucho mayor en el que había más de 1.400 prisioneros aliados y que los servicios de inteligencia militar ni siquiera sabían que existía. Se elaboraron planes para lanzar otra bomba sobre Tokio.

Según cita de *Hiroshima and Nagasaki Reconsidered,* de Barton J. Bernstein:

Poco tiempo después del bombardeo de Nagasaki, Truman escribió: «Nadie está tan trastornado como yo por el uso de las bombas atómicas, pero me sentí profundamente conmocionado por el injustificable ataque de los japoneses a Pearl Harbor y el asesinato de nuestros prisioneros de guerra. El único lenguaje que parecen comprender es el que hemos utilizado para bombardearles. Cuando hay que tratar con una bestia, hay que tratarla como lo que es. Es lamentable, pero no por ello menos cierto.»

Una cuestión que, más adelante, inquietó a los norteamericanos se refería a Nagasaki más que a Hiroshima. Algunos admitían la justificación militar del primer ataque atómico, pero se preguntaban qué excusa había para repetir la matanza tres días más tarde, cuando los dirigentes japoneses ya estaban haciendo gestiones para rendirse e intentaban desesperadamente establecer los medios para hacerlo. La respuesta no es más clara ahora que entonces. En aquel momento, sólo había dos bombas atómicas a punto, y las primeras órdenes que tenían los hombres de la isla Tinian era continuar arrojando las bombas hasta que Japón se rindiera; nadie modificó aquellas órdenes. Los mandos que estaban en Washington dijeron que no sabían lo que ocurría realmente en Japón. Incluso después de que Japón presentara la rendición el 10 de agosto, las Fuerzas Aéreas continuaron con los bombardeos convencionales. Después de una breve pausa, Truman reinició los ataques para intimidar a los japoneses y demostrar a los demás países, especialmente a Rusia, y al pueblo norteamericano el poder de las Fuerzas Aéreas de los EE.UU. El 14 de agosto, en un intento de exhibir nuestra fuerza, se enviaron más de mil bombarderos. Hoy sabemos que entonces la guerra ya había terminado y que Japón había sido derrotada e intentaba rendirse.

En *No High Ground,* se preguntó a mucha gente implicada en el bombardeo de Hiroshima lo que sintieron. Un hombre manifestó: «¿Qué más da una bomba o mil?» Otro dijo: «Me enfadé cuando descubrí que los japoneses habían intentado rendirse y que nosotros nos preocupábamos de estupideces como la rendición incondicional. Si Japón ya había sido derrotada, fue una trágica metedura de pata de EE.UU. hacer desaparecer inútilmente a 140.000 personas.» Uno de los implicados opinó que habría sido mejor soltar una bomba sobre el monte Fujiyama y volarle la cumbre. Esto habría sido una poderosa demostración de fuerza. Y otro manifestó que si los japoneses hubieran tenido la bomba atómica habrían hecho lo mismo.

La controversia continúa, aún hoy en día, y nadie está en situación de emitir un juicio irrevocable. Muchos consideran que la muerte de 115.000 civiles (*nuestras* cifras de las bajas de los dos bombardeos) estuvo justificada porque salvó las vidas que se habrían perdido si hubiéramos invadido Japón. Les cuesta ver la diferencia entre el napalm que mató a cerca de 78.000 personas en Tokio y la bomba atómica que causó un número similar de muertes en Hiroshima. La única diferencia es el método utilizado, pero los resultados fueron los mismos: la muerte de muchos civiles inocentes. Otros declararon que el sacrificio de Hiroshima no fue en vano porque demostraba que la amenaza de la nueva arma era tan grande que el mundo no podía permitirse otra guerra. Hasta cierto punto, esto ha sido así: ninguna otra guerra mundial se ha desencadenado y la bomba ha constituido una amenaza constante que pende de un hilo sobre las cabezas de la raza humana. Pero ¿hasta cuándo? Estos recuerdos se desvanecen en el tiempo y hay quien habla de la posibilidad de supervivencia después de una guerra nuclear limitada. Se dice que en la actualidad ningún dirigente mundial ha presenciado una explosión atómica. ¿Acaso hablarían con tanta seguridad si, por una sola vez, pudieran contemplar el sobrecogedor poder que se desata?

Desde luego, se trata sólo de mi opinión y quizás esté juzgando erróneamente a los que participaron en aquel suceso, pero da que pensar. Sería muy triste que todas aquellas personas hubieran muerto no porque las autoridades quisieran terminar la guerra con rapidez, sino porque fueran los conejillos de Indias de un experimento científico caro e imponente. Y o no tengo las respuestas o las soluciones, sólo preguntas.

En aquella época, en Estados Unidos, las protestas contra los ataques nucleares eran escasas y provenían, principalmente, de los pacifistas, personas contrarias a aquella guerra, religiosos y científicos. Entre otros, Albert Einstein declaró que la bomba era un arma inhumana, que su utilización no era necesaria para poner fin a la guerra y que podría dar lugar a una carrera armamentística con la Unión Soviética. (En 1933 escribió, junto con Sigmund Freud, un libro titulado *Why War?*) El ex presidente Herbert Hoover admitió, confidencialmente, que se podría haber puesto fin a la guerra sin necesidad de arrojar la bomba y escribió que su utilización «con la muerte indiscriminada de mujeres y niños me repugna».

La mayoría de norteamericanos se alegraron de que la costosa guerra hubiera terminado. Pocos eran los que tenían serias dudas morales o políticas sobre la decisión de utilizar la bomba como arma de combate, pero ¿cuántos, entonces o incluso ahora, comprenden lo que de verdad sucedió? Lo único que les preocupaba era que por fin había acabado la larga guerra y que sus vidas podían volver a la normalidad. No miraban atrás, sino hacia delante. No ha sido hasta hace poco que la gente ha tenido tiempo para reflexionar sobre lo que pasó.

Y o sé que teníamos que poner fin a la guerra antes de que

alguno más de nuestros hombres muriera. Es cierto que se cometieron muchas atrocidades durante el conflicto armado. Fue una guerra horrible y cruda que tenía que acabar para que pudiéramos volver a nuestras vidas, pero ¿teníamos que hacerlo de aquella forma? ¿La muerte de todas aquellas personas inocentes hizo que la venganza fuera más dulce? Se dice que la guerra es el infierno. En mi opinión, nos convierte a todos en monstruos y se reduce a lo que Nogorigatu dijo: «Los gobiernos, y no la gente, hacen las guerras.» Es cierto, si dependiera de la gente de la calle, ninguna guerra sería necesaria; pero los dirigentes unen a los individuos y los arrastran. Nuestro amigo japonés también dijo: «¡Nadie gana! ¡Nadie gana *nunca!*»

El 2 de febrero de 1958, Edward R. Murrow entrevistó al ex presidente Truman por televisión. A continuación reproduzco una parte de aquella entrevista que se publicó en el *New York Times* y que también se cita en el libro *Death in Life,* de Robert J. Lifton:

«¿Arrepentido?», le preguntó Murrow.

«En lo más mínimo. Para nada», respondió Truman, y añadió que la alternativa habría sido la invasión, en la que las bajas probablemente habrían alcanzado el medio millón. «Teníamos aquella poderosa arma nueva y no tuve ninguna duda en utilizarla, porque una arma de guerra es siempre destructiva. Ésta es la razón de que nadie desee la guerra y de que todos estemos en contra de ella, pero cuando se dispone del arma que permitirá ganar la guerra es absurdo no utilizarla.» También expresó el deseo de que «la nueva y terrible bomba de hidrógeno» no llegara a utilizarse nunca. «De todos modos -continuó-, se utilizará. Puede estar seguro.»

Según cita de *The Atomic Bomb and the End of World War II:*

Quince años más tarde, el general Hap Arnold incluyó esta declaración en su informe al Ministro para la Guerra: «Incluso antes de que los lanzamientos de las bombas atómicas arrasaran los grandes centros de concentración humana, la 20.ª Fuerza Aérea ya estaba destruyendo las ciudades japonesas a un coste 50 veces mayor para Japón que para nosotros. El bombardeo atómico es aún más económico y la destrucción resulta demasiado barata, demasiado fácil. Ningún esfuerzo de cooperación internacional será demasiado grande si impide una destrucción de este tipo.»

La siguiente cita de *No High Ground* resume mis sentimientos a la perfección. El párroco William B. Downey estaba destinado en la isla Tinian cuando el *Enola Gay* despegó y más tarde declaró:

La cuestión no reside en la cifra de muertos. Lo malo es matar, con bombas incendiarias desde cientos de aviones, con una bomba atómica o con una sola bala de rifle. La guerra en sí misma es el demonio que el hombre debe conquistar.

Yo había empezado con un interesante experimento de hipnosis regresiva a vidas pasadas y, en cambio, me encontré con una impactante declaración antibélica que venía del más allá. ¿Era éste el propósito de que se hubiera despertado en Katie aquel recuerdo?, ¿que llegara al mundo esta declaración? Cuando reviví el sufrimiento de Nogorigatu, aprendí mucho. ¿Aprenderá nuestro mundo algo de esta experiencia? ¿Qué diremos a los muertos? Si el mundo continúa por este camino, ¿qué diremos a los que murieron entonces y a los que podrían morir en el futuro?

No importa de qué lado de la barrera nuclear nos encontremos, al menos espero que mi relato haya abierto los ojos a algunas personas sobre la horrible posibilidad de una guerra nuclear; una guerra que sólo hace daño a los inocentes. Quizás en el fondo de esta regresión se encuentre una lección para la humanidad. Si es así, entonces toda aquella gente no habrá muerto en vano. Me alegro de que uno de ellos haya elegido reencarnarse en un cuerpo con el que yo iba a tener contacto, y que decidiera insistir hasta que, finalmente, la historia se escribiera. Llegué a conocerle y a quererle y espero que ahora descanse en paz y que Katie pueda continuar con su vida, libre, por fin, de esa terrible carga. No volverá a molestarla, ¡nos la ha pasado a *nosotros!*

¿Qué vamos a hacer *nosotros* con ella?

# Bibliografía

BERSTEIN, Barton J., *Hiroshima and Nagasaki Reconsidered,* General Learning Press, Nueva Jersey, 1975.

FEIS, Herbert, *The Atomic Bomb and the End of World War II,* Princeton University Press, Nueva Jersey, 1961, 1966.

HACHIYA, Michihiko (doctor en medicina), *Hiroshima Diary,* University of North Carolina Press, Carolina del Norte, 1955.

HERSEY, John, *Hiroshima,* Knopf Publishers, Nueva York, 1946.

«Japan», en *Collier's Encyclopedia.*

KNEBEL, FLETCHER y BAILEY II, CHARLES W., *No High Ground,* Harper and Brothers, Nueva York, 1960.

LIFTON, Robert J., *Death in Life,* Random House, Nueva York, 1967.

MOORE, W. Robert., «Face of Japan», *National Geographic,* di- ciembre 1945.

*New York Times,* agosto 1945.

Oficina de prensa del Gobierno; *Mission Accomplished.* Washington D.C., 1946.

161

# SOBRE LA AUTORA

Dolores Cannon nació en San Luis, Misuri, en 1931. Creció y se educó en Misuri hasta que, en 1951, se casó con un soldado profesional de la Marina. Durante los veinte años siguientes, viajó por todo el mundo, como es común entre las esposas de marinos, y formó una familia.

En 1968 tuvo su primer contacto con la reencarnación y la regresión hipnótica cuando su esposo, un hipnotizador aficionado, tropezó con la vida pasada de una mujer a la que estaba hipnotizando (aparece en su libro *Five Lives Remembered)*. En aquellos tiempos, el tema de las vidas pasadas era poco ortodoxo y muy poca gente experimentaba en este campo. Aunque despertó su interés, tuvo que dejarlo a un lado porque las exigencias de la vida familiar eran prioritarias.

En 1970, su marido fue relegado del servicio por invalidez y se

163

retiraron a las colinas de Arkansas. Inició entonces su carrera como escritora y vendió sus artículos a diversas revistas y periódicos. Cuando sus hijos se independizaron, se reavivó su interés por la reencarnación y la hipnosis regresiva. Estudió los distintos métodos de hipnosis y a partir de ellos desarrolló su propia técnica que le permitió obtener información de aquellos a quienes hipnotizaba con gran eficacia. Desde 1979, ha practicado la regresión y ha catalogado la información que le han facilitado cientos de voluntarios. Ella se considera una regresionista e investigadora psíquica que recopila conocimientos «perdidos». También ha trabajado para la Mutual UFO Network (MUFON) durante vanos años.

Entre sus libros, se han publicado: *Ellas caminaron con Jesús* y *Jesús y los Esenios* (publicado en España por Luciérnaga y en Inglaterra por Gateway Books), *Conversations with Nostradamus* (3 volúmenes), *Keepers of the Garden* y *Conversations with a Spirit*. También ha escrito otras obras, aún sin publicar, sobre sus casos más interesantes.

Dolores tiene cuatro hijos y trece nietos que le exigen mantener un sólido equilibrio entre el mundo «real» de la familia y el mundo «invisible» de su trabajo. Quienes deseen mantener correspondencia con ella sobre su trabajo pueden escribirle a la siguiente dirección: (Se ruega incluir un sobre sellado con la dirección del remitente para la res- puesta.)

Ozark Mountain Publishing, Inc.
P.O. Box 754
Huntsville, AR 72740-0754